Philipp Winterberg

Camino de Santiago en esmoquin

Philipp B. Winterberg M.A., estudió Ciencias de la Comunicación, Psicología y Derecho en Münster y actualmente vive en Berlín. Le apasiona llevar una vida polifacética: ha saltado en paracaídas en Namibia, ha meditado en Tailandia y ha buceado con tiburones y rayas en Fiji y Polinesia.

Sus apps tienen millones de descargas en Internet. Sus publicaciones abren nuevas perspectivas sobre temas vitales como la amistad, la conciencia y la suerte. Traducidos en más de 20 idiomas, sus libros se leen por todo el mundo.

Philipp Winterberg

Camino de Santiago en esmoquin

En camino hacia la perfecta lista de equipaje

Bibliografische Information der Deutschen Nationalbibliothek

Die Deutsche Nationalbibliothek verzeichnet diese Publikation in der Deutschen Nationalbibliografie; detaillierte bibliografische Daten sind im Internet über http://dnb.d-nb.de abrufbar.

ISBN: 978-1491245873

Todos los métodos y procedimientos presentados en este libro han sido creados con la mejor intención y probados rigurosamente. Sin embargo, no están exentos de errores. Por este motivo, el material contenido en el presente libro no está sujeto a ninguna obligación o garantía de ningún tipo. En consecuencia, el autor y la editorial no asumen ninguna responsabilidad ni tampoco se responsabilizan de las acciones resultantes del uso indebido de este material o cualquiera de sus partes.

La reproducción de los nombres comunes, nombres comerciales o nombres de artículos, etc. utilizados en esta obra, aunque se expresen explícitamente, no implican la suposición de que estos nombres puedan considerarse libres según la legislación sobre protección de marcas y por esta razón puedan utilizarse libremente por cualquier persona.

Camino de Santiago en esmoquin

¡Muchas gracias a todos los participantes!

Texto, Fotos, Formato: Philipp Winterberg
Ilustraciones MultiSchutz: Lena Hesse
Título original: Jakobsweg im Smoking
Traducción: Anna Martí Carratalà
Producción: CreateSpace, Scotts Valley, CA 95066, USA
Editorial: Philipp Winterberg, Münster
Impreso en Alemania por Amazon Distribution GmbH, Leipzig

Copyright © 2013 Philipp Winterberg
Todos los derechos reservados. All rights reserved.
Infos: *www.philipp-winterberg.com*

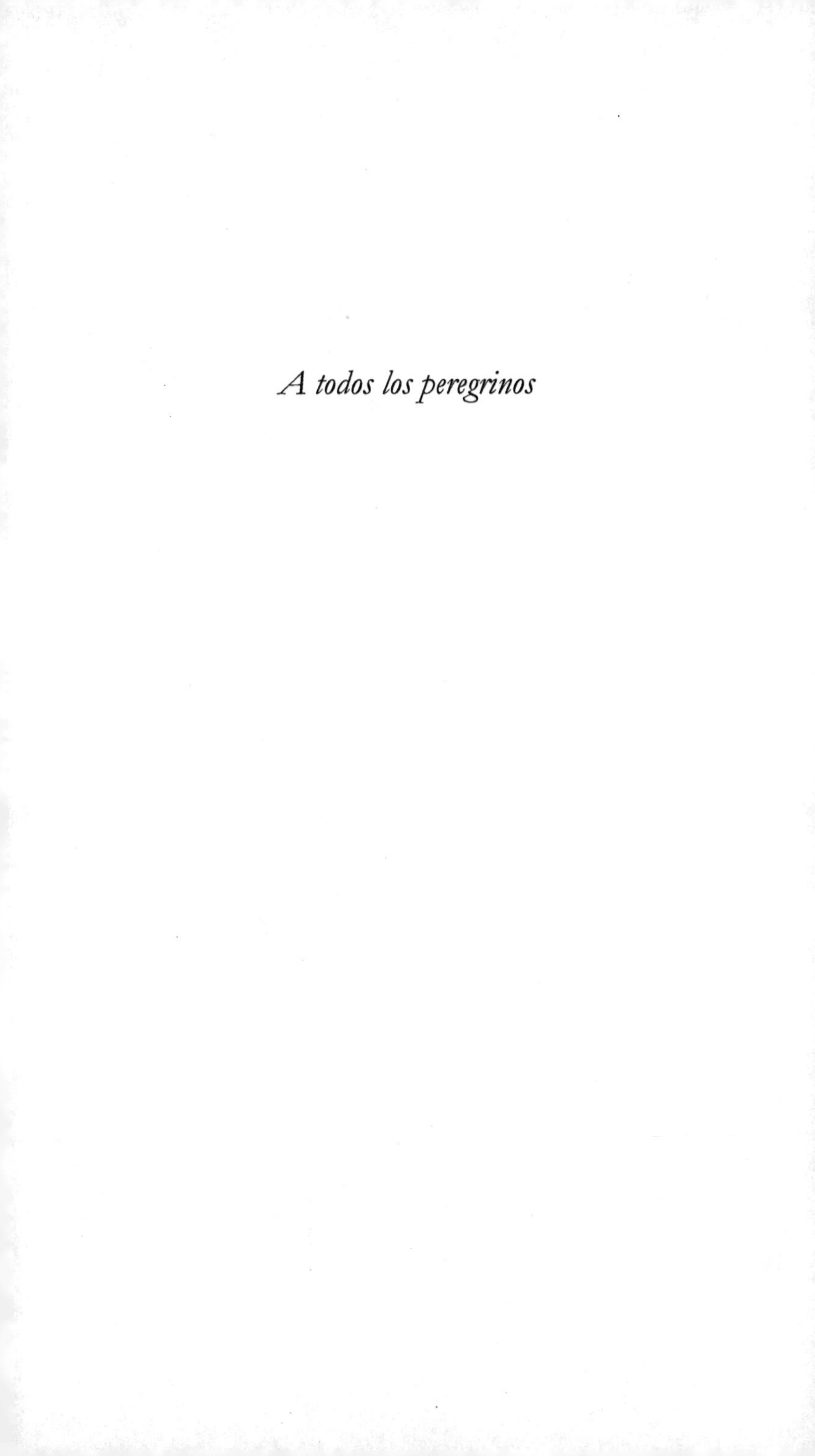

A todos los peregrinos

Tabla de contenidos

I. Equipaje 11

1. ¿Mochila y botas de senderismo? 13

2. ¿Bastones o rodillas dañadas? 21

3. ¿Lana merino o lavar? 27

4. ¿Camino de Santiago en esmoquin? 31

5. ¿Cinturón o problemas en hombros? 35

6. ¿Zapatillas de *trail running* o ampollas? 41

7. ¿Pantalón de *trekking* y silbato de señalización? 47

8. ¿Forro polar o pasar frío? 49

9. ¿Balanza pesacartas o similar? 55

10. ¿Pesar y empaquetar? 61

11. ¿Smartphone o flota de aparatos? 65

12. ¿Tapones o noches en vela? 69

13. ¿Provisiones o ayuno? 73

14. ¿Guantes o sabañones? 75

15. ¿*Cutdown* y concha de Santiago? 79

16. Lista de equipaje: mochila de 3 kg 87

II. Peregrinaje ... 97

1. Llegada ... 99

2. Peregrinar ... 105

Nieve y fango ... 105

¡Gracias, hospitaleros! ... 112

Menú del peregrino en Pamplona ... 115

Fuentes, conchas y flechas ... 119

Caminatas nocturnas por la Meseta. ... 127

Cigüeñas y arte callejero ... 132

Bajo cero y fatiga del material ... 139

Café con leche en el paraíso ... 142

Sol y Santiago ... 150

3. Partida ... 157

III. Lista de equipaje ... 161

1. Descartar, cambiar, etc. ... 163

2. Recomendación de equipaje ... 167

Mochila, saco de dormir, etc. ... 168

Calzado ... 168

Ropa ... 169

Bolsa de aseo ... 169

Bolsa de tecnología ... 171

Bolsa de documentación ... 171

3. Lujo y seguridad ... 175

Apéndice ... 179

1. Listas de precios ... 181

2. Etapas ... 191

3. MultiSchutz ... 195

4. Índice fotográfico ... 204

I. Equipaje

1. ¿Mochila y botas de senderismo?

«Todos los peregrinos tienen una mochila, ¡así que empezaré con la compra de la mochila!» –Una idea que probablemente ronda en la cabeza de muchos peregrinos al comenzar la planificación. También en la mía.

Tras los primeros minutos en la tienda especializada en *trekking*, enseguida me doy cuenta de que el orden correcto a seguir es otro totalmente distinto. Como obviamente no sé, cuánto pesará mi equipamiento, no puedo decidir correctamente si necesito una mochila con o sin armazón. Tras una breve búsqueda, ya estoy algo confundido con los datos de referencia «volumen de la mochila aprox. 35-45 litros y dimensiones del equipaje de mano (máximo 56 x 45 x 25 cm), para que viaje conmigo en el avión».

El agradable hombre de la tienda determina muy rápida y concienzudamente, que la mochila Deuter Futura es sin duda la que yo necesito: mejor distribución de carga, buena ventilación en la espalda, marco de acero con elasticidad permanente, compartimento inferior separado, funda para la lluvia integrada. Camino por la tienda entre las estanterías con 9 kilos de equipaje de prueba en la espalada y estoy indeciso. Hay algo que no encaja. ¿Por qué necesito una mochila tan pesada de 1,7 kilogramos si sólo voy a llevar un par de cosas?

Me despido con un «tengo que consultarlo con la almohada» y decido por ahora conseguir otros componentes del equipo.

Nunca en mi vida me había comprado unas botas de senderismo. Nunca en mi vida había estado en una zapatería con circuito de prueba. En una tienda de equipamiento enorme en Köln, camino junto a piscinas para probar canoas y equipos de buceo, con otras personas desconcertadas interesadas en zapatos sobre diferentes superficies de prueba pedregosas. Una mujer me mira con con sufrimiento:

—Las botas de senderismo, que me sirvan a mí, todavía no los han inventado —murmura ella.

Mies pies piensan lo mismo:

—¿ Tienen que doler ?

El comprometido vendedor sonríe radiante:

—Sí, mire usted, yo hago senderismo desde que tenía 10 años y desde entonces ya no siento nada en el talón.

Yo le respondo con una sonrisa forzosa. El vendedor me explica lo que debo tener en cuenta:

—Mire, aquí en la rampa puede detenerse con la bota. Los dedos del pie no deben chocar con la parte delantera, porque si no aparecen hematomas debajo de las uñas. Y en la otra dirección puede levantar el pie y comprobar si el talón se asienta bien.

Compruebo si el talón se asienta bien, pero no tengo ni idea de qué es un talón bien asentado. Me detengo con todas mis fuerzas con la bota puesta y choco delante con los dedos. Por lo menos eso lo he entendido. Así que necesito un número más.

Como en el primer intento de compra de la mochila, tendría que haberme preparado –y como creía, bastante– para la compra del calzado:

—Gore-Tex es bueno para la transpiración del zapato y aísla de la lluvia.

El vendedor asiente con la cabeza:

—Pero no en el Camino de Santiago —explica.

—Gore-Tex funciona cuando existen diferencias de temperatura y es fantástico para climas fríos. Pero tan pronto como la temperatura exterior sube lo suficiente, ya no sirve y usted puede llevar simplemente botas de goma. He visto a muchos peregrinos del Camino de Santiago, cocerse en su propia salsa. Por cierto: ¡tenga cuidado con sus cosas! Por desgracia los devotos cristianos se roban entre ellos. A mí me robaron hasta el yogurt de la nevera del albergue.

Asiento. Nada de Gore-Tex. Nada de yogurt en la nevera.

—La piel es mejor —prosiguió el vendedor—, aunque se humedezca rápido, se seca muy bien y es transpirable, sin importar el tiempo que haga. Es como una segunda piel. Puede lavar las botas por dentro y después untarlas con un poco de Nivea. Por fuera tiene que encerarlos. Y por favor, no los ponga a secar al fuego o frente a la estufa, si no la piel se vuelve quebradiza. La cera para calzado yo mismo se la puedo proporcionar.

Empiezo a hacerme anotaciones. Las botas no son tan pesadas como una mascota, pero al parecer requieren la misma atención y cuidados.

—Por favor coloque la lengüeta desde el principio siempre en el centro, de lo contrario llevará los zapatos mal puestos.

El vendedor entra cada vez más en detalle:

—¡Olvídese de las tiritas para ampollas Compeed! He visto a gente en el Camino de Santiago, que han llevado las tiritas tanto tiempo que el material se ha integrado totalmente con la piel y les han tenido que operar para sacarlo. ¿Puede imaginarse lo difícil que tiene que ser para el médico, separar las tiritas transparentes de la piel?

La verdad es que prefiero no imaginármelo.

—Cómprese vendaje deportivo —me aconseja.

—Cubra la zona ampliamente. Antes limpie la piel de grasa cono toallitas con alcohol. Y la crema antiséptica Bepanten también ve bien.

A unos metros cerca de nosotros, de repente se escucha un golpe y un crujido muy fuertes. Una señora mayor de unos 70 años, a pesar de la tira luminosa azul y la enorme señal de «¡Cuidado con el escalón!», no lo ha visto y sin poder frenar, ha impactado toda longitud de su cuerpo contra el suelo. Le han ayudado de inmediato. Otro cliente me mira pálidamente:

—Eso ha crujido, ahí se ha roto algo.

—Eso era su paraguas, sobre el que se ha caído —puedo tranquilizarle un poco. Aunque para mí también es desagradable. La señora mayor se ha partido la nariz e intenta mantenerse en pie.

El vendedor mira por un instante hacia la derecha y regresa a hacia mí:

—Conmoción cerebral, diría yo, pero eso no lo notará hasta pasados unos 15 minutos. Bueno, no podemos retenerla, si ella se quiere marchar... Llévese los calcetines de senderismo Woolpower. No tienen el diseño ergonómico derecho/izquierdo, pero de todas formas eso lo encuentro innecesario. Tampoco son muy elegantes, más bien industriales, pero duran algo más. Se fabrican en Suecia.

Él está de nuevo totalmente en su elemento. Yo todavía estoy ligeramente impactado y decido en cualquier caso, llevarme uno o dos bastones de senderismo para el Camino de Santiago. Mejor dos.

—Consiga una linterna frontal. Así por las noches también podrá leer algo sin molestar a los demás. Ah, y: ¡tapones Ohropax! ¡Consiga sin falta tapones Ohropax!

Reflexiona un momento, antes de continuar:

—Lo que también puede hacer es comprarse el libro *Trekking ultraleicht* sobre senderismo ultraligero. Lo tenemos arriba en la sección de librería. Cuesta 10 euros. Trata sobre *nerds*, que renuncian a su cepillo de dientes para ahorrarse un par de gramos, pero también contiene consejos muy útiles.

Le doy las gracias y me voy para la caja con dos pares de calcetines de senderismo Woolpower, cera para calzado y mi nueva mascota "Hanwag Canyon II Terra Care".

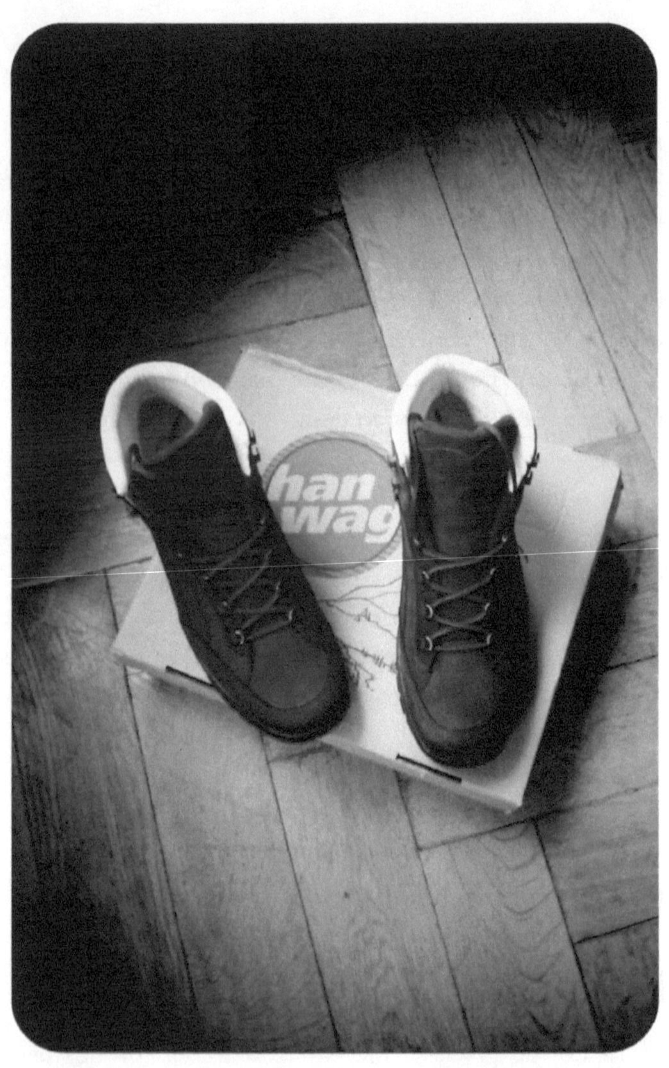

En las otras plantas me compro la linterna frontal recomendada y el pequeño libro, que poco después será mi salvación. Estoy eternamente agradecido con el vendedor por esta recomendación del libro.

Recorro con valentía durante un par de minutos el centro de Köln con las botas de *trekking*: son incómodas, me presionan la pantorrilla. Debido a la elevada suela, me siento como si anduviera en zancos. Algo inseguro y torpe. Además mis tobillos están envueltos de forma rígida y segura. Todo esto no puede estar bien. Mis pies me están insultando, pero apenas los oigo, porque están aislados completamente. En contra de todas las señales corporales, sigo caminando y pienso:

«Me ha aconsejado específicamente un profesional. Si él dice que esta bota es adecuada, entonces es la bota adecuada. Sólo tengo que llevarla más tiempo. Pero tampoco puede es normal, que no pueda caminar ni media hora seguida. ¿Cómo voy a llegar entonces a los Pirineos?»

Al cabo de aprox. 10 minutos mis pies han ganado la batalla. Con estos monstruos, habría puesto fin al Camino de Santiago, incluso antes de alcanzar el primer albergue. Me quito las botas y voy a cambiarlas.

Muy desmotivado, me siento en una cafetería tras el primer intento sin éxito de comprar una mochila y unos zapatos. La linterna frontal Petzl Tikka XP^2 se ve muy bien, pero no tengo tijeras para cortar el envoltorio de seguridad. Entonces cojo sin ganas el libro *Trekking ultraleicht* y hojeo un poco en su interior.

Muy pronto se me ilumina el rostro: en este libro se recomiendan mochilas que no pesan 1,7 kg sino 0,7 kg. O incluso menos. Se presentan zapatos que no marcan 2 kilogramos en la balanza y no hacen daño al llevarlos puestos.

Las zapatillas para correr fuera de pista, las llamadas zapatillas *trail running*, más ligeras descritas aquí sólo pesan alrededor de 600 g y supuestamente son cómodas desde el principio.

La palabra mágica es «ultraligero». Ultraaliviado tengo nuevas esperanzas.

Las indicaciones del vendedor sobre el cuidado de las botas de senderismo, así como otros consejos y recomendaciones a lo largo del libro, son correctas y apropiadas, y yo las he verificado –para el cuidado de la piel aparece por ejemplo en la página web de Hanwag: «La piel seca necesita nutrición: cera» –otro indicio que demuestra que efectivamente se trata de una mascota.

En los meses siguientes visito más de 100 tiendas en Köln, Münster y Berlín: empezando por tiendas especializadas en senderismo, zapaterías y grandes almacenes, pasando por droguerías, farmacias, consultando a especialistas en tejidos y tecnología, hasta tiendas de delicatessen, joyerías y tiendas de artículos religiosos.

2. ¿Bastones o rodillas dañadas?

—Buenos días, me gustaría comprar un par de bastones de *trekking*.

—Buenos días…

El vendedor me mira de arriba a abajo.

—¿Qué tiene en mente?

—Camino de Santiago.

—¿Ha entrenado?

Él me observa minuciosamente.

—No. Hace cinco años tuve una rotura de ligamentos múltiple en el pie, un año con dolores y desde entonces no he practicado ningún deporte, a parte de un poco de *slackline*.

—¿Y quiere hacer algún tipo de entrenamiento?

—No, simplemente me he tomado mucho tiempo libre, dos meses, para poder ir despacio.

—Eso está bien. Mucha gente se daña las rodillas ya el primer día. Hay que pasar por los Pirineos y la gente se exige demasiado a sí misma y a su cuerpo. No haga eso.

Me mira con insistencia.

—Está bien.

—¿Cuánto mide?

—1,95 m.

—¿Peso?

—Ni idea. ¿Más o menos unos 95 kg?

Me mira como valorando.

—Entonces no puedo recomendarle unos bastones ultraligeros. Usted necesita bastante apoyo y estabilidad. Además necesita bastones que puedan alargarse hasta 1,45 m, para poder aliviar las rodillas también en descenso. ¿Ha tenido alguna vez problemas con las rodillas?

—Si, por desgracia.

Él parece satisfecho con su estimación. Incluso sonríe un poco por primera vez entre su barba descuidada y se estira hacia la estantería detrás de él.

—Aquí tiene, estos son los bastones adecuados para usted. Si los coloca correctamente, puede aliviar al menos una tercera parte de la carga en la rodilla.

Me pone en las manos dos bastones de *trekking* de aluminio dorados y negros.

—Leki Retro —leo en la etiqueta. Me gustan.

Él está radiante.

—Son estables, muy ligeros –sólo 525 gramos– a pesar de su longitud de 1,45 y cuestan sólo 59,90.

—Nunca en mi vida he utilizado bastones como estos. ¿Qué debo tener en cuenta?

—Ah, eso es muy fácil: lo importante es colocar la longitud correcta, colocar bien las dragoneras para que las muñecas se apoyen bien y por supuesto el paso diagonal…

Le entiendo vagamente.

—¿Cuál es entonces la longitud correcta?

El vendedor me coge un bastón que tenía en la mano y lo coloca con una sencilla maniobra a 1,35 metros.

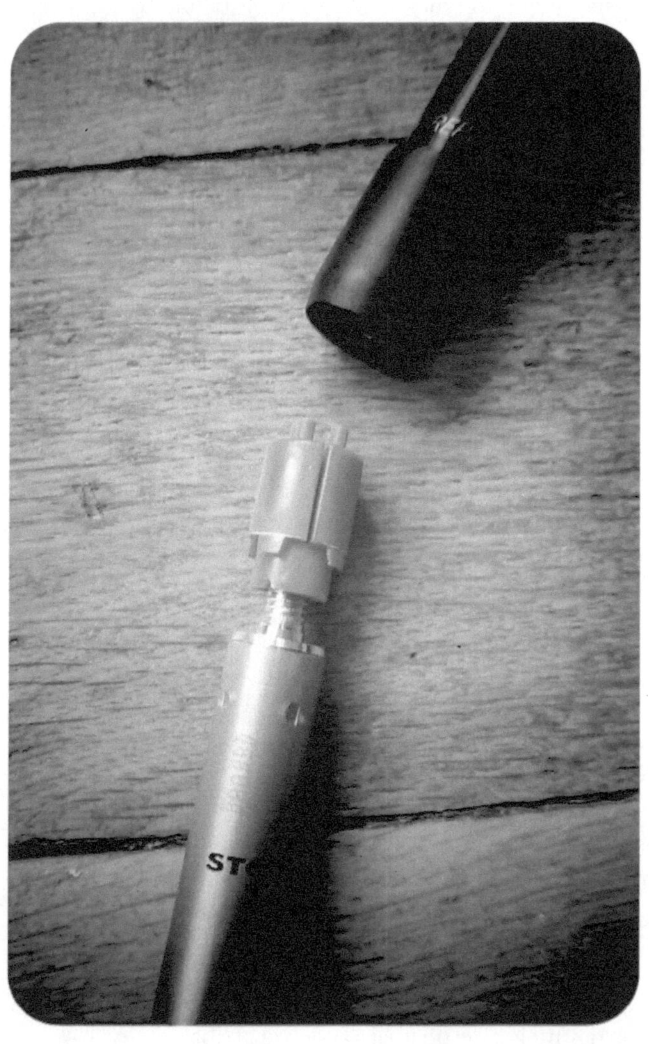

—1,35 metros es la longitud correcta para usted. Los bastones se deben colocar de tal forma que su antebrazo forme casi un ángulo recto con el cuerpo. Puede ajustar la longitud unos 10 cm cuando haya una pendiente empinada cuesta arriba o cuesta abajo. Cuesta arriba más corto. Cuesta abajo más largo. Así que para usted 1,25 m en ascenso y 1,45 m en descenso.

Le doy la vuelta al segundo bastón e intento fijarlo, pero algo no funciona. Cuanto más giro, los tramos del bastón se quedan sueltos.

—Se ha cerrado la cuña.

El vendedor me quita el bastón de *trekking* de la mano, lo junta de nuevo, gira el tramo dorado varias veces dentro del tramo negro y tira totalmente hacia fuera con un ¡fupp!.

—Aquí tiene, para que entienda el principio…

Al final del segmento dorado se encuentra una cuña de plástico rojo anaranjado sobre una rosca.

—Cuando gira, la cuña se abre y el bastón está fijo. Si gira demasiado en la otra dirección, la cuña se cierra y gira en el aire.

—Ah, entiendo —afirmo con la cabeza y de verdad he entendido el sistema.

Las ideas del vendedor una vez más están un paso por delante.

—Mire, debe comprar sin falta estos tacos de goma. En el Camino de Santiago siempre se encuentra uno con asfalto, y eso le dará igual, si usted cuenta con estas fundas para los bastones. Además son más silenciosos y no destrozan las calles.

—¿Y las dragoneras? —pregunto insistiendo—, ¿se agarran mejor desde abajo o desde arriba?

—Ah, como usted quiera, lo más importante es que la muñeca esté bien sujeta. Por cierto, el paso diagonal simplemente quiere decir que debe andar al mismo tiempo con el bastón izquierdo y la pierna derecha y viceversa. Si hay mucha pendiente cuesta abajo, lo mejor es ir despacio con la rodilla, mantenga bajo el centro de gravedad y dé pequeños pasos –¿cuánto equipaje llevará consigo?

De nuevo me examina con su mirada minuciosamente. En otra vida seguro que fue un aparato de rayos X.

—No lo sé todavía muy bien —respondo cautelosamente con una evasiva.

—No lleve muchas cosas consigo. La mayoría cargan con demasiadas cosas. Yo me he encontrado con una mujer, que solamente tenía una camiseta para cambiarse. Realmente se necesita poco, si uno lo piensa detenidamente. Además es mejor para las rodillas…

—Está bien, gracias —me despido.

En la sección vecina, ocupado con la idea de grabarme en la memoria la técnica de pasos correcta para la ruta en ascenso, me sorprende inesperadamente una gigantesca manada de artículos muy útiles: saltan en mi cesta roja de la compra en primer lugar dos botellitas con cierre de vertido de la marca Relags, directamente seguidas por gel de ducha y champú biodegradables de Sea to Summit y tapones Ortec Ultra Plugs lavables y reutilizables ilimitadamente con grado de insonorización SNR 30. No tengo ni idea de que significa SNR 30, pero suena muy efectivo. A continuación, un paquete de Ortec Multi-Clips, que seguro me sirven como pinzas para la ropa, bolsas impermeables de Loksak en diferentes tamaños, una toalla

Pocket Towel de Sea to Summit, nutrición deportiva concentrada llamada Xenofit Carbohydrate Gel con extracto de mate en la variante de "Citrus Mix"... Descubro una cuerda de tender ultraligera que funciona sin pinzas y quizás es más práctica que los Multi-Clips, fundas blancas Coghlan para mis cepillos de dientes y –uff, ¿así se siente uno cuando le entra la fiebre compradora?

Rápido a la caja, antes de que esto sea peor...

3. ¿Lana merino o lavar?

—Aquí tiene, ¡debe llevarse esto!

El vendedor lleva su claro jersey de cuello alto un poco hacia abajo, para que se vea el principio de la cremallera de prenda que lleva debajo.

—Esto es lana merino. Mantiene el calor en invierno, el frescor en verano, transporta muy bien la transpiración y no se pegan olores. Icebreaker se llama la marca.

Él está visiblemente encantado.

—Ah sí, es cierto —recuerdo.

—Una amiga mía vive en Escocia en una pequeña isla. A ella le encantan. Dice que lo lleva puesto en cualquier época del año. 260.

—¡No! —exclama en alto el vendedor y me sobresalta su respuesta.

—¡No es tan caro! —prosigue el vendedor y ya le entiendo.

—Ah, no, 260 es el gramaje de la lana, me dijo ella, creo. ¿Eso existe?

—Ah, sí, 260 existe, pero eso demasiado caliente. Yo le recomendaría 200, eso es más que suficiente. Mire.

Durante la conversación, me ha enviado a la esquina con los productos ordenados de Icebreaker. Chaquetas, ropa interior, calcetines, camisetas, todo lo que le llega a uno al corazón.

—¿Y cómo se llama esto? — le pregunto y observo una cosa de manga larga con una cremallera en el cuello.

—Eso es un Half Zip Bodyfit 200. Eso se lleva pegado al cuerpo. Una excelente primera capa.

—¿Primera capa? —No tengo ni idea de lo que está hablando.

—Encima se pone un jersey o forro polar y después la chaqueta de tres capas, la cual tiene una membrana que impide que pase la lluvia. Aquí, mire.

Sorprendentemente ahora nos encontramos junto a una estantería con chaquetas.

—Ésta de aquí sólo tiene una capa —me alcanza una chaqueta fina—. Muy ligera, pero no muy agradable. Después hay de dos, dos y media y hasta tres capas –ésta es la más cómoda, porque la membrana se encuentra en el medio y todo está bien sellado. Aquí debe tener sólo en cuenta, que la membrana no se rompa.

—Hm, yo creo que tengo algo parecido —respondo inseguro—. Pero no sé, si la membrana está bien o dañada. El agua no gotea. Sólo se moja cuando llueve.

—La impregnación no tiene nada que ver con la membrana —explica el vendedor.

—Póngase con ella debajo de la ducha. Si tras unos minutos, la ropa que lleva debajo de la chaqueta está seca, la membrana funciona perfectamente.

—Gracias, lo probaré.

En el probador me pongo la prenda superior Bodyfit 200 Half Zip y me siento un poco como en un disfraz de superhéroe. Es muy…

—Así debe ser, se lleva ajustado al cuerpo.

El vendedor está visiblemente satisfecho.

—Esta es la primera capa, debe quedar perfectamente ajustada, sino la transpiración no puede transportarse correctamente. Además no retiene los olores. Muy práctico.

Asiento, aunque sólo entiendo la mitad.

—Yo llevo esta cosa 12 días seguidos durante largos tours y mi mujer todavía no se ha quejado —murmura secretamente desprendiendo un ligero olor tabaco. Pero no es desagradable. Probablemente viene de la segunda capa. O por ahí. El tema de las capas no lo he entendido del todo. ¿Se tienen puestas tres capas cuando se lleva una chaqueta de tres capas? Podría ser. Probablemente no puede ser. ¿Y cómo se cuentan las capas de la chaqueta? ¿Entonces son en total cinco capas? ¿O seis? De todas formas no se nota nada.

—Perfecto. ¡Me lo llevo! —le digo convencido y pago.

—Muy importante —me dice todavía el vendedor— cuando lo lave por primera vez, tenga en cuenta que debe utilizar un detergente convencional –¡nada de detergente delicado para lana! Para el viaje llévese simplemente el detergente Rei in der Tube.

El tema de los 12 días sin lavar no me lo puedo creer del todo. Eso sería fantástico. Todos me cuentan, que en el Camino de Santiago todos los días tienen que lavar a mano. Si sólo utilizo ropa interior de merino, quizás puedo evitar lavar diariamente. Qué bien. Es verdad. «Think, don't stink!» dice el eslogan de la etiqueta y promete 10 días sin aparición de olores.

Test de resistencia nº 1: me pongo la prenda superior de merino Half Zip Bodyfit durante siete días las 24 horas del día: para jugar a billar en el bar lleno de humo, en el tren, en un largo viaje en coche, en la cafetería con amistades, etc. Desde el domingo por la mañana hasta el lunes por la mañana una semana más tarde. Y sorprendentemente no huele todavía en realidad a nada desagradable. ¡Fantástico!

Test de resistencia nº 2: me pongo mi chaqueta de tres capas de la marca MacPac durante unos minutos bajo la ducha: efectivamente. Por fuera está completamente mojada, pero la camiseta que llevo debajo está totalmente seca. ¡Muy bien!

4. ¿Camino de Santiago en esmoquin?

Nunca antes en mi vida había estado en Kaufhaus des Westens, conocido como KaDeWe. Los grandes almacenes más grandes del continente europeo.

«El surtido y la presentación de la mercancía, hacen de su compra una experiencia extraordinaria», proclama la página web. ¿Si no encuentro aquí los productos de merino más selectos de Icebreaker, dónde entonces?

—¿Dónde está la sección de equipamiento *outdoor*?

La señora de recepción hace un gesto arrugando la nariz.

—No existe ninguna sección de equipamiento *outdoor* —explica amablemente, pero con firmeza.

—¿Qué está buscando?

—Ropa interior de lana merino.

—Pruebe en la sección masculina.

Junto a mí, un vigilante ha parado a dos señores.

—Está prohibida la entrada de perros en todo el edificio —indica el vigilante amablemente pero con determinación.

La alegre y cuidada pareja de señores con los dos perros pug, prescinde de la visita a la sección masculina y abandona sonriente el edificio sin protestar –para gran alivio del vigilante.

En la sección masculina solamente hay ropa interior de merino de la marca Jockey. Toda la sección está más bien destinada a personas que quieran recorrer el Camino de Santiago en esmoquin. Los vendedores se deslizan con elegancia por los pasillos. Describirlos como muy cuidados, sería una mala presentación.

Intento también deslizarme un poco por los pasillos y en la sección de porcelana, me pregunto en voz baja dónde falta la coma en la etiqueta del precio de este rinoceronte. Etiqueta del precio no sería precisamente la definición adecuada para los enormes números plateados, que con gran esmero despiertan la atención del ojo…

—No falta ninguna coma —como saliendo de la nada me responde un vendedor y explica con amabilidad y determinación:

—18.900 euros. Esto es porcelana maciza. Mide 28 centímetros de altura. Un rinoceronte unicornio indio. Limitado a 100 unidades. Realizado para el 300 aniversario de la Manufactura…

—Maciza. Vaya. ¿Y cuánto pesa eso?

—Pesa alrededor de diez kilogramos —y se aleja.

—¿Puedo hacerle una foto? —le pregunto a otra vendedora que se desliza ligeramente.

—Está prohibido hacer fotografías en todo el edificio —me indica amablemente con voz angelical. Luego sonríe y me susurra con determinación:

—Hágala rápido. Yo no he visto nada.

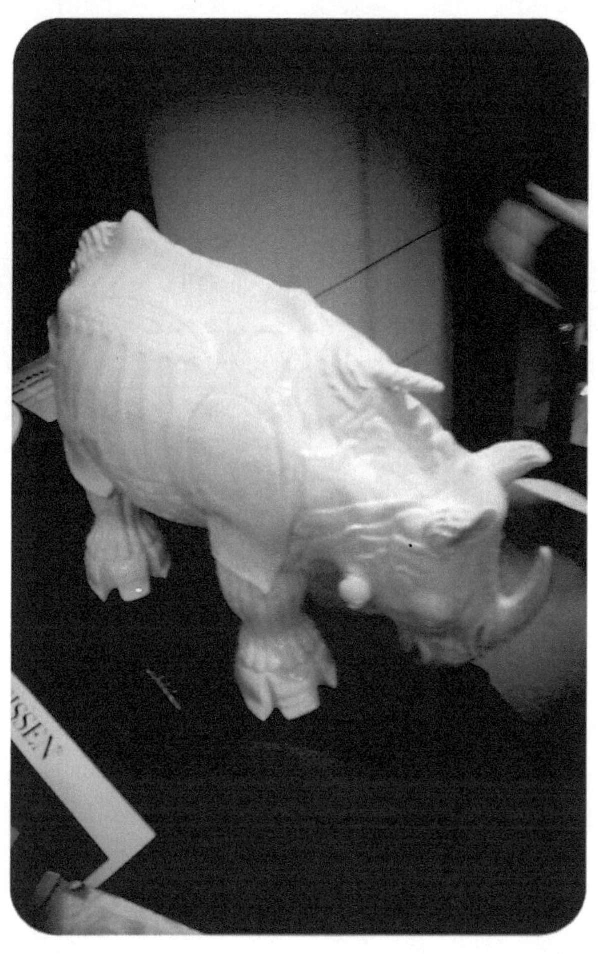

En la sección de utensilios de viaje, me asombran los productos de la serie "Light Delight" de la marca Crumpler. Hay una bolsa de viaje que pesa 110 g y según la etiqueta soporta hasta 100 kg. Por el volumen, caben adentro como máximo dos rinocerontes indios. Suman en total alrededor de 20 kg.

¿Cómo se puede llegar a los 100 kg? Quizás, si se llena la cavidad restante con pequeños lingotes de oro y brillantes… ¿Pero quién quiere cargar con 100 kg a sus espaldas?

Un pasillo después, hay tentadoras mochilas ultraligeras de Puma, mochilas Waterproof Daypacks de The North Face y refinados Silk Undercover Bra Stashs de Eagle Creek: pequeños bolsillos secretos de seda, que las mujeres se pueden enganchar en el sujetador.

Para los hombres están previstos cinturones Undercover Money Belts de seda o nylon, que se llevan debajo de la ropa a la altura de la cintura. Yo me decido por la variante 70D Ripstop Nylon con garantía de por vida. Maravilloso.

5. ¿Cinturón o problemas en hombros?

En el sótano de una tienda especializada en *trekking* en Münster, admiro la pared multicolor llena de mochilas.

—Buenos días, quisiera comprar una mochila ultraligera de unos 30 litros.

El vendedor sonríe amistosamente.

—Buenos días. ¿A dónde se dirigirá con ella?

—Al Camino Francés, desde St. Jean Pied de Port hacia Santiago de Compostela.

—Ah, el Camino de Santiago. Pero con 30 litros usted no llegará a ninguna parte. Seguramente cargará con unos 10-15 kilogramos. Quizás también quiera llevar consigo una tienda de campaña...

—No, muchas gracias, pero no quiero tienda. Prefiero dormir en los albergues. Para acampar todavía hace demasiado frío para mí...

—¿Cuándo quiere partir?

—A principios de abril.

—Sí, es cierto, posiblemente todavía haya nieve en las montañas. Voy a mostrarle, cómo debe colocarse correctamente la mochila y trasladar así el peso a la cadera…

Antes de poder resistirme, el vendedor ya me había colocado una mochila de prueba.

—Por ahora usted tiene el peso en los hombros, pero eso es sólo durante un breve instante, mientras se ajusta correctamente el cinturón de cadera. Tiene que estar en el centro de la cresta ilíaca. La cresta ilíaca –aquí– es el punto más alto del hueso de la cadera. Muy bien. Y ahora estirar con fuerza —él estira las asas por encima de mis hombros—, con este cinturón se mantiene la mochila más cerca del cuerpo…

Todavía sigo pensando, cómo puedo insinuarle discretamente, que mi mochila sólo pesará 3 kg…

El vendedor está totalmente inmerso en su rutina.

—Ahora llega el momento mágico —afloja con ambas manos al mismo tiempo las asas de los hombros. El peso de la mochila se traslada de forma perceptible desde los hombros a las caderas.

—El peso se encuentra ahora dónde debe estar: en las caderas —sonríe satisfecho.

—Seguramente usted ya sabe cómo debe rellenar la mochila: el saco de dormir y las cosas ligeras abajo y los objetos pesados en la medida de lo posible, cercanos al cuerpo cerca de los hombros…

Esta es mi oportunidad:

—Eh, yo quiero viajar ultraligero y mi mochila solamente pesará alrededor de 3 kg, por eso no necesito una tan grande. Ya he visto diferentes mochilas, por ejemplo hay modelos de Puma, Patagonia o The North Face, que pesan 500 gramos o incluso mucho menos…

—Ah, ya entiendo —asiente el vendedor—, aunque de todas formas le recomiendo escoger un modelo con cinturón de cadera, porque si no tarde o temprano tendrá problemas en los hombros al no tener el peso en las caderas. La mayoría de las mochilas de senderismo sólo cuentan con asas de hombros.

—Hum… —eso es comprensible.

—Además así minimiza el desgaste y la sobrecarga de la ropa en la zona de los hombros. Especialmente si lleva una chaqueta impermeable ultraligera, cuando todo el peso recae solamente sobre los hombros, se roza con la membrana y se daña rápidamente…

—Eso tiene sentido —me quito otra vez la mochila de prueba.

—¿Tiene usted entonces mochilas ultraligeras con cinturón de cadera de este tamaño en stock?

—Me temo que no —el vendedor mira a su alrededor— hay algunos modelos que son ligeros, pero mochilas realmente ultraligeras no tenemos en venta. Lo único que puedo recomendarle es que intente buscar por Internet. Existen algunos fabricantes buenos. Busque las marcas GoLite o Laufbursche…

—¿Tienen tal vez sacos de dormir ultraligeros de seda?

El vendedor se alegra.

—Sí, tenemos en existencias —me conduce hasta los sacos de dormir. Junto a los grandes modelos clásicos de plumas y fibras sintéticas, hay una estantería con muchos paquetes pequeños…

—Mire, mejor llévese el modelo de Cocoon con bolsillo para almohada integrado. Esta es la mejor elección para los albergues. Tiene un cierre de velcro. Soporta temperaturas algo inferiores a 5 °C. 220 x 90 cm. Probablemente usted cabe sin problemas.

Asiento.

—¿Cuánto pesa?—le pregunto.

—160 gramos —lee el vendedor.

—Genial, me lo llevo. Un azul bonito —me alegro por la compra.

—Y esto de aquí parece muy práctico. ¿Qué es?

—Esto es un *spork*. Cuchara, tenedor y cuchillo todo en uno. Sólo pesa apenas 10 gramos.

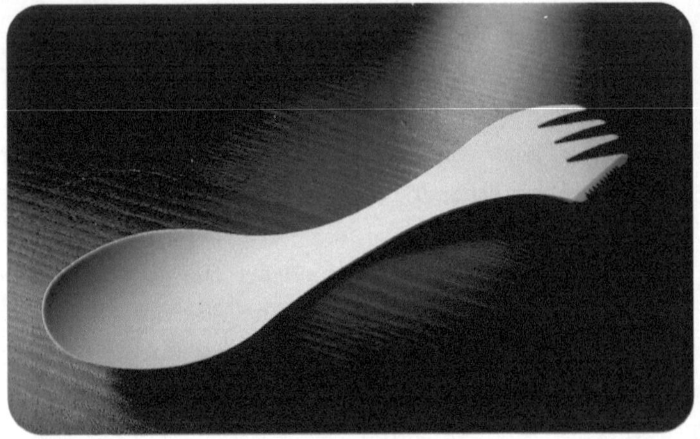

El vendedor sonríe satisfecho.

—¿Ya tiene la Credencial de Peregrino?

—No.

—Puede adquirirlo también en Internet –a cambio de un pequeño donativo en las Asociaciones de Amigos del Camino de Santiago… Se me ha ocurrido otra cosa sobre la mochila: ¿ha decido ya si quiere utilizar como protección contra la lluvia un poncho, una funda para mochilas o bolsa estanca, es decir, un saco interior impermeable?

—Seguramente utilizo como saco interno una bolsa estanca ligera —respondo.

Él asiente conforme con la cabeza.

—Yo le recomendaría una bolsa estanca, porque las fundas de mochila tienen la desventaja de que por la espalda todavía pasa el agua y el poncho no es nada práctico, cuando hace un poco de viento —me conduce a la estantería.

—Aquí tenemos bolsas ultraligeras de Sea to Summit. Estas bolsas nuevas se llaman Ultra-Sil Dry Sacks. Son un 50% más ligeras que los productos tradicionales. Se pueden utilizar como saco interno. Posiblemente 35 litros sería el tamaño adecuado para usted, así todavía tiene un poco de juego en la mochila. Tan sólo pesa 65 gramos...

—Se ve muy bien. Me lo llevo.

Un buen día.

Mochila nº 1: como la empresa GoLite (www.golite.com) está establecida en los EE.UU y no realiza envíos a Alemania, encargo en el sitio sackundpack.de una GoLite JAM 35L Pack en gris, que según la página web pesa 760 gramos.

Mochila nº 2: encargo al fabricante Laufbursche (www.laufbursche-gear.de) de Köln, una "buckePÄCKchen Spezial" ligera como una pluma, en negro con aprox. 26 litros de volumen en la cavidad principal, que según la página web pesa 350 gramos.

Credencial del Peregrino: En la Asociación del Camino de Santiago de Aachen (www.deutsche-jakobus-gesellschaft.de), encargo online la Credencial del Peregrino, llamada aquí también pasaporte del peregrino. Antes de realizar la trasferencia del donativo de siete euros, ya tenía la Credencial en el buzón. ¡Gracias!

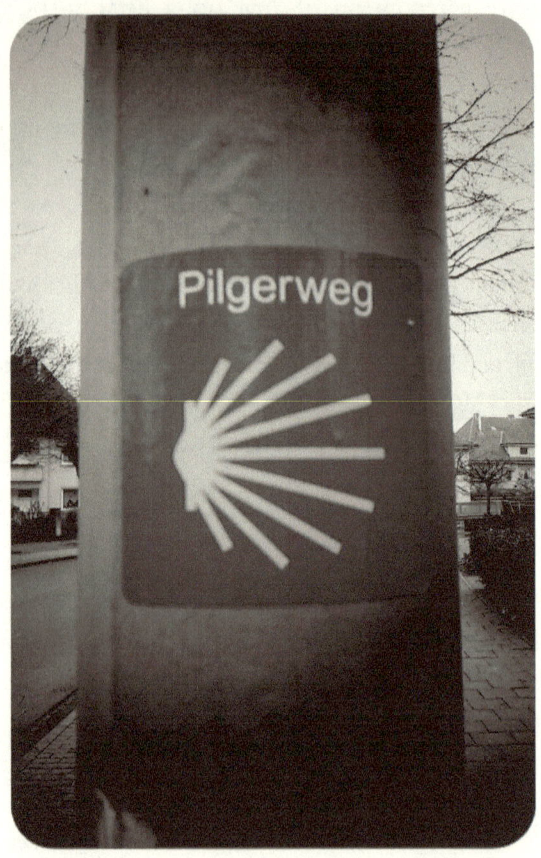

En Münster, descubro sorprendido en una farola de la calle, una modesta pegatina con el símbolo de la concha del peregrino y la inscripción «Pilgerweg» (camino del peregrino). Al parecer, he dado con una señal de los múltiples senderos del Camino de Santiago, que se extienden por toda die Europa…

6. ¿Zapatillas de *trail running* o ampollas?

Mientras me hago una idea general del surtido del calzado deportivo de la tienda, escucho a otro cliente quejarse de sus botas de senderismo:

—Siempre tenía que doblar la lengüeta el todo, porque si no me apretaba y no podía aguantar la presión. Tuve que cargar con ellas dos años, hasta que al final las vendí en eBay porque no podía soportarlo más. Jamás me compraré algo así…

Existen diferentes zapatillas de *trail running* de Asics, Adidas y Salomon. Me dirijo al vendedor:

—Buenos días, me gustaría comprar un par de zapatillas de *trail running* ultraligeras.

—Buenos días. ¿Qué número calza?

—Eh, eso depende de cómo sea el zapato, entre 46 y 50.

—Oh.

El vendedor desparece entre las estanterías. Ya no le veo…

—Tiene suerte…

De repente aparece otra vez.

—He encontrado un par del modelo Salomon XA Pro 3D Ultra 2 en 49 1/3. Pruébeselas…

Abre la caja y me alcanza la zapatilla. Me siento y me quedo sorprendido.

—Eh, ¿cómo funciona esto?

La zapatilla no tiene unos cordones normales, sino un sistema altamente sofisticado con un misterioso cierre.

—Estos son los cordones asimétricos de ajuste rápido Quicklace —explica el vendedor— ahora los tienen todas. Sólo tire aquí y después guárdelos en el bolsillo pequeño.

Doy unos cuantos pasos. No está mal.

—No tienen Gore-Tex, ¿verdad?

—¿Eh? —el vendedor se irrita— por supuesto que tienen una membrana de Gore-Tex, si no no serían impermeables…

—Ah, pues entonces no puedo llevármelas. Quiero hacer la ruta de peregrinación del Camino de Santiago y allá puede hacer mucho calor. Alguien me ha explicado que entonces la membrana de Gore-Tex ya no funciona…

—Hm, eso es totalmente cierto —el vendedor me mira pensativo, como dándole vueltas a algo y recuerda:

—Cuando llueve, muchos peregrinos se ponen bolsas de alimentos sobre los calcetines y los guantes. Funciona muy bien…

Sin embargo el parece estar ocupado por dentro con algo diferente.

—¿Tienen tal vez modelos de Inov8? —intento ayudarle.

—No —responde el vendedor ausente.

Probablemente está repasando mentalmente un surtido de zapatillas fantásticas y va a escoger el par adecuado para mí...

—¿No quiere las botas clásicas de senderismo? —me pregunta recopilando datos.

—No, mejor no. Son demasiado pesadas y me salen ampollas muy rápido.

—Sí, tiene razón, el peso en el pie se multiplica por cinco en comparación con el peso de la mochila —responde mecánicamente y al parecer sus pensamientos siguen ocupados con la selección de zapatillas.

—Si se ahorra un kilogramo de peso en la mochila, puede caminar alrededor de un kilómetro más. Si se ahorra un kilo en el calzado, eso le da cinco kilómetros más, al día. Merece la pena...

De repente regresa de nuevo. Su mirada ya no me atraviesa como si fuera transparente y su rostro se ilumina:

—A pesar de eso, yo no le recomendaría un modelo muy, muy ligero. Usted es muy alto y necesita un poco de amortiguación, en especial cuando el terreno sea pedregoso. Existe una variante del modelo Gel Fuji Trabuco de Asics sin Gore-Tex y las Brooks Cascadia tampoco tienen membrana. Lamentablemente no tenemos su talla en el almacén. Lo mejor es que busque en Internet.

Él está radiante como un niño pequeño, que ha resuelto correctamente un ejercicio de cálculo mental ante el asombro de toda la familia.

—Muchas gracias... —le respondo, pero se le ocurre algo más:

—Consiga exactamente las Cascadia 7, ¡no Cascadia 8! El modelo 7 es fantástico, el modelo 8 sólo lo han retocado un poco. Quizás el modelo 9 esté bien otra vez…

—Está bien. ¿Tiene por casualidad calcetines de merino de Icebreaker en stock?

Calcula brevemente, esta vez sólo necesita un pequeño instante:

—¿Usted dijo que enseguida le salen ampollas, no?

—Sí. En las bodas, casi siempre me cambio los zapatos por la noche a escondidas, porque no soporto el duro calzado de piel…

—Aplique un vendaje —me sugiere y toma impulso:

—En el peregrinación –junto con la acertada elección del calzado– existen tres técnicas muy eficaces para evitar las ampollas: untar crema de sebo de ciervo en el pie, protegerlo con vendaje deportivo o ponerse dos pares de calcetines finos, de manera que en los puntos críticos los calcetines rocen entre sí y no sobre la piel… Personalmente me gusta más el vendaje…

—Creo que prefiero probar la variante con los dos calcetines.

Él encoge los hombros.

—Quizás es más inteligente, ponerse dos pares de calcetines es más rápido que aplicar gran cantidad de crema de sebo de ciervo o vendar correctamente los tobillos… De Icebreaker existen por ejemplo los Run Ultralite Micro. En estos momentos no tenemos en la talla XL, pero tal vez le sirve la talla L –que se corresponde con el número 46,5.

—Podrían servirme —supongo y me decido por dos pares en blanco.

«Blister-free fit – build to last» dice en el paquete y tienen una garantía de confort de 90 días: «Try these socks for 90 days – we guarantee you'll love them».

Aha. Están muy convencidos. Eso ya lo veremos...

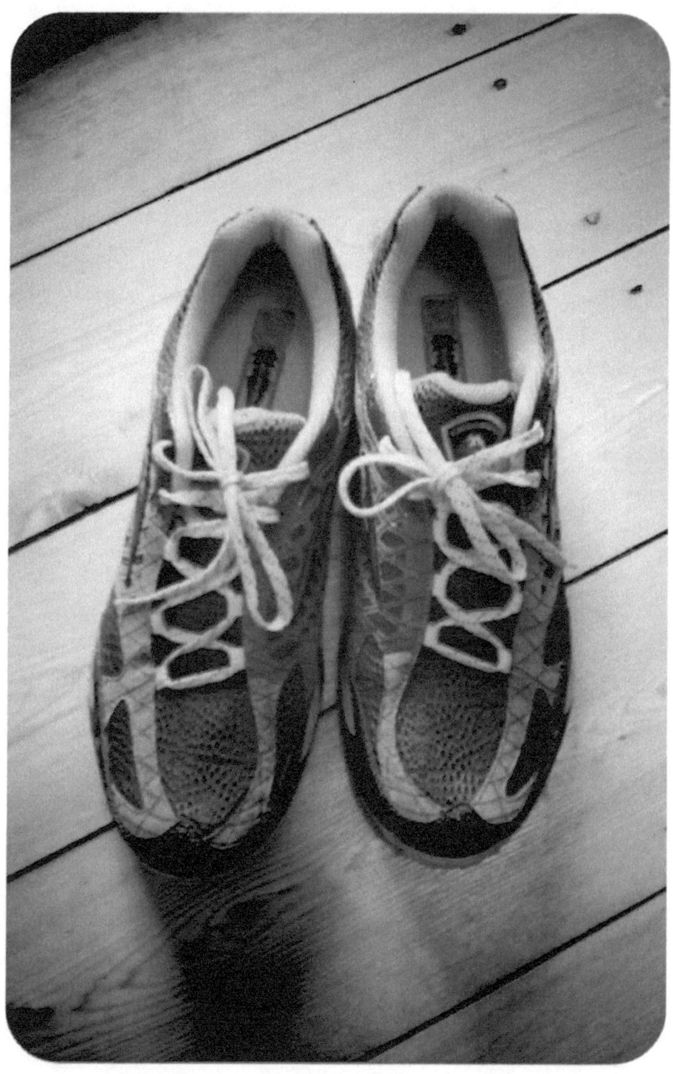

Zapatillas: efectivamente descubro en Internet un par naranja y gris de Brooks Cascadia 7 en la talla 49,5 que están de oferta por sólo 85,21 euros y me alegro mucho: la entrega es rápida, me quedan perfectas y son cómodas desde el primer paso. ¡Qué bien! Se adaptan al pie… ¡Estas son las perfectas zapatillas para mí

Calcetines: la talla L de los Icebreaker Run Ultralite Micro me quedan justos, cuanto tenga ocasión me conseguiré un para en la talla XL para la parte exterior…

Bolsas de alimentos: en una droguería cercana de la cadena DM, existen bolsas para alimentos de 1 litro, 3 litros y 6 litros. Las bolsas Profissimo 1 Liter Quick'n Fresh tienen una "cremallera confort" y según los "Consejos Profissimo" del paquete, pueden utilizarse como bolsa de seguridad para los líquidos del equipaje de mano para viajar en avión. Muy bien. Lo necesito.

Más tarde, en el test práctico confirmo que las bolsas de 3 litros son demasiado pequeñas y por el contrario las de 6 litros son demasiado grandes. Así que me decido por las bolsas de 6 litros y corto arriba una franja ancha. "Cutdown" lo llaman los nerds o frikis del mundo ultraligero. Para ellos, quitar las etiquetas y proteger correctamente los componentes del equipamiento, es una parte esencial de la preparación del viaje.

7. ¿Pantalón de *trekking* y silbato de señalización?

Recorro Berlín en búsqueda de accesorios y un pantalón de *trekking* ultraligero. En la tienda 360° Outdoor de la calle Oranienstraße no encuentro pantalones lo bastante ligeros, aunque me compro dos botellitas Relags de 50 ml con cierre de vertido. Son muy prácticas y seguro que las utilizaré para la crema solar o la pasta de dientes…

En la tienda Der Aussteiger de la calle Danziger, me quedo asombrado ante la linterna frontal Petzl Tikka XP²:

—Disculpe, aquí en la etiqueta pone «silbato de señalización». Yo tengo la misma linterna frontal en casa, pero no encuentro el silbato en ningún lado…

El vendedor se ríe, coge el frontal del estante y me muestra el cierre gris de la cinta elástica:

—Aquí, mire, el silbato está integrado detrás en el cierre.

Es verdad.

Arriba y en un lateral del cierre plástico, hay pequeñas y

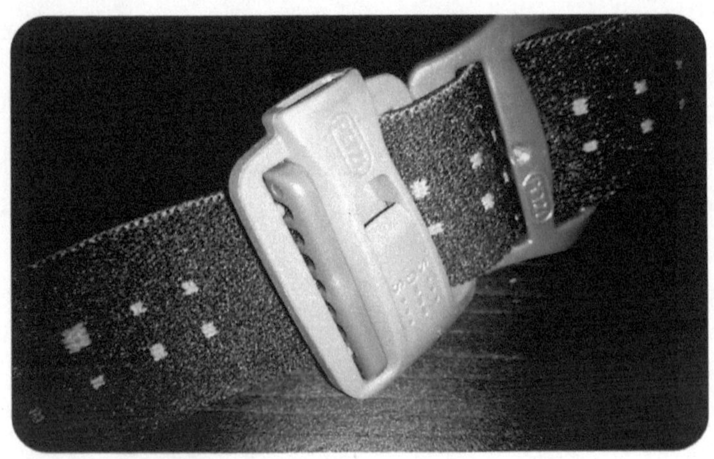

discretas aberturas, que lo convierten en un silbato de señalización. La abertura superior es la boquilla. Además están inscritas las señales SOS en morse: tres veces corto, tres veces largo, tres veces corto. Estoy entusiasmado.

—Gracias. ¿Tienen tal vez los Mont-Bell Dynamo Wind Pants u otros pantalones de *trekking* ultraligeros?

—Eso no lo sé. Mi compañera puede ayudarle con los pantalones. La encontrará dando la vuelta por aquí y después detrás a la derecha…

En la sección de pantalones me pruebo varios modelos. No tienen el modelo Mont-Bell Dynamo Wind Pants. El pantalón más ligero en stock es el Triolet Pants de la marca Millet con unos 300 gramos. Se adaptan bien y siento una sensación muy agradable, pero no estoy totalmente convencido.

Por eso, me compro únicamente un asiento aislante ultraligero de aluminio (35 x 35 cm) de McKinley y me despido.

8. ¿Forro polar o pasar frío?

En la tienda Globetrotter de Berlín, intento de nuevo sin éxito lo del pantalón. Sólo hay una gama de pantalones pesados y más pesados. Un rayo de esperanza con los pantalones impermeables: aquí hay Montane Minimus Pants ultraligeros. ¿Pero es aconsejable comprarse un pantalón impermeable antes que el de *trekking*, sobre el cual se llevará puesto? Ando confundido de aquí para allá junto al probador con el pantalón impermeable puesto.

—¿Qué tiene pensado hacer? —me pregunta una mujer mayor de unos 70 años, que también se dedica a la compra de pantalones con su marido.

—Quiero recorrer el Camino de Santiago por Francia y España.

—Ah. Nosotros salimos mucho a la montaña.

La mujer mayor sonríe atrevidamente y me guiña un ojo:

—Cuando llueve, a veces nos ponemos los pantalones directamente sobre la ropa interior, así es más cómodo.

—¡Muchas gracias por su buen consejo! Lo probaré.

Me hace un gesto con la cabeza y desparece con otros pantalones de *trekking* detrás de la cortina del probador.

En la sección de chaquetas, me encuentro ante un producto de Mammut un poco confundido. Una vendedora se toma la molestia:

—¿Puedo ayudarle?

—Seguro. Estoy confundido. ¿Hay alguna diferencia entre chaquetas cortavientos, paravientos o rompevientos?

—No, en realidad no. Todos los productos están hechos a prueba de viento. Tenga, pruébese esta chaqueta.

Me encuentro otra vez dentro de una chaqueta cortavientos ligera de Mammut.

—Eh, de esta marca no quiero ninguna chaqueta. He leído en las opiniones de usuarios, que la membrana se daña muy rápidamente.

La vendedora sonríe discretamente:

—Bueno, no existe ningún riesgo con estos productos. Las chaquetas cortavientos en realidad no tienen ninguna membrana.

—¿No?

Estoy más confundido todavía.

—¿Podría explicarme por encima otra vez eso de las capas y la membrana? Creo que no lo he entendido del todo….

Ella asiente amablemente.

—Con mucho gusto: sólo tiene una membrana la ropa impermeable. Esto es la capa más externa. Cuando no llueve, una chaqueta cortavientos es suficiente. Debajo se lleva un forro polar como segunda capa. El polar tiene dos funciones: por un lado ayuda a crear una capa de aire caliente alrededor del cuerpo, y por otro, ayuda a la primera capa en la gestión de la transpiración. Como primera capa puede utilizar tejidos funcionales o lana, ambos transportan bien la transpiración hacia el exterior…

—¿Y con una chaqueta de tres capas serían en total cinco capas?

Ella trata de contener la risa.

—No: la chaqueta de tres capas conforma la tercera capa de ropa. Las tres capas de la chaqueta hacen referencia a la composición del material, mientras que las tres capas de ropa hacen referencia a su función: la primera capa permite evacuar en primer lugar la transpiración del cuerpo hacia fuera, la segunda capa crea una capa de aire caliente y la tercera capa evita que se escape esta capa de aire caliente…

Poco a poco empiezo a entender, dónde me había desviado por error en el cálculo mental de las capas.

—¿…y evita que la lluvia penetre en las dos primeras capas? — intento añadir algo con sentido.

—Exacto. Cuando lleva una chaqueta impermeable sobre una chaqueta cortavientos, las dos forman la tercera capa. Así que no son de repente cuatro capas.

Creo que ya lo tengo.

—¿Y si llevo dos camisetas de lana merino una encima de otra, juntas son la primera capa?

—Así es. Lo ideal es que sea transpirable, de manera que la exudación se pueda evacuar del cuerpo fácilmente, sin que la lluvia penetre desde el exterior.

—Qué bien, muchas gracias por la explicación. Ahora ya sé lo que necesito: tengo en casa la chaqueta de tres capas que según la balanza de cocina pesa aprox. 700 gramos. Pesa demasiado. Quiero caminar ultraligero y llevar menos de cinco kilos en la mochila. Camisetas ya tengo, necesito entonces un forro polar, una chaqueta cortavientos y una chaqueta impermeable, ¿no?

La vendedora asiente conforme, desaparece entre los estantes y regresa con una chaqueta gris claro y un forro polar gris oscuro.

—Esta es la chaqueta de forro polar más ligera que tenemos, sólo pesa 270 gramos.

Una Jack Wolfskin Performance Jacket. Menos mal, que ya tengo claro lo de las capas, porque si no el hecho de que el forro polar se llame "Jacket" me haría dudar de nuevo.

—Esta chaqueta cortavientos de Patagonia sólo pesa 100 gramos en su talla.

Me la pruebo y me gusta: se llama Houdini.

—¿Tienen por casualidad en stock la chaqueta impermeable Montane Minimus?

—Un momento, déjeme ver…

Ella desaparece de nuevo y regresa enseguida con una chaqueta XL verde claro.

—Aquí tiene.

Por primera soy consciente de las tres capas que llevo: mi tercera capa está compuesta por chaqueta cortavientos y chaqueta impermeable. Debajo, el forro de polar es la segunda capa. La primera capa quizás no es del todo adecuada, porque llevo una camiseta verde claro de algodón, con un monstruo de un solo ojo enfadado que tiene unas gafas 3D en la mano.

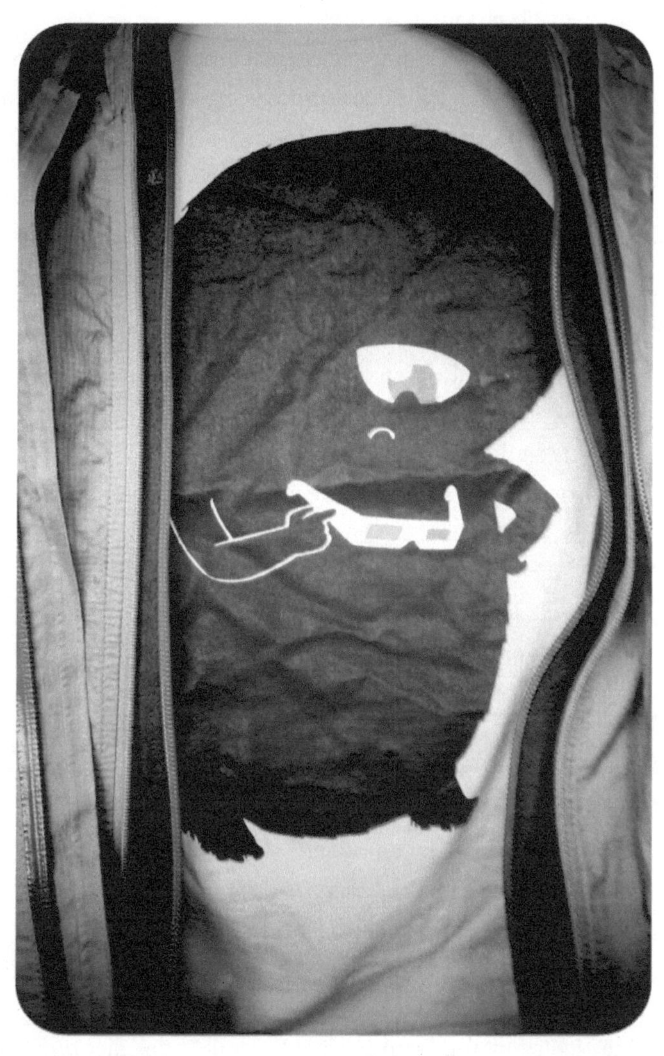

—Como primera capa no debe llevar en ningún caso algodón —añade enseguida la vendedora—, el algodón no tiene un buen sistema de transpiración. ¡De hecho lo absorbe todo completamente!

—Está bien. ¿Podría tal vez recomendarme un gorro para el sol? Sólo he encontrado gorros que me quedan pequeños. Mi cabeza es algo grande…

—¿Cuánto mide entonces el diámetro de su cabeza?

—Alrededor de 64 cm.

Ella se dirige a la sección con los gorros para el sol.

Le sigo lentamente.

—No, lo siento, en su talla no tenemos nada.

Entonces me doy cuenta que tienen en una estantería los *boxers* de viaje de ExOfficio…

—¡Llevo días buscándolos!

—Los hemos recibido hoy —me explica la vendedora con satisfacción.

—Muchas gracias.

Ella me deja solo.

Intento entender la información sobre las tallas en la parte posterior. Hace dos días tomé la medida del diámetro de la cadera, ¿pero cuánto es en pulgadas? Me acuerdo del reciente descubrimiento del dispositivo de reconocimiento de voz de mi *smartphone*.

—104 centímetros en pulgadas —le digo al teléfono.

Una señora que está cerca me mira desconcertada.

Como llamada normal esto no funciona.

Por una fracción de segundo caigo en una autorreflexión: ¿voy en camino de convertirme en un *nerd*? ¿Será lo siguiente renunciar al cepillo de dientes? Mi teléfono inteligente hace rato que encontró la respuesta:

«40,9448819 pulgadas».

Me temo que esto significa: sí, *nerd*. Incluso XL. Pero muy justo. XL empieza a partir de 40 pulgadas.

9. ¿Balanza pesacartas o similar?

De camino a la sección de artículos de menaje de la tienda Karstadt en la plaza Hermannplatz, paso por una pequeña tienda de libros, postales y electrónica:

—Hola, ¿tienen por casualidad una balanza pesacartas o de cocina o similar?

—Siii —los ojos del vendedor comienzan a iluminarse—, tengo. Último ejemplar.

Coge del escaparate situado junto a él una pequeña caja blanca. Dentro de la caja hay otra cajita, que parece un cofre de joyas alargado. En realidad se encuentra una joya en el cofre. Con mucho cuidado, estirando suavemente con dos dedos, el vendedor extrae con su enorme mano la balanza de joyería electrónica. Coloca la balanza sobre el mostrador, retira la otra tapa protectora de plástico y dice:

—Aquí se enciende.

Presiona un botón.

No pasa nada.

Sonrío amistosamente.

El vendedor me responde con una sonrisa amable, coge las pilas detrás de él y las coloca.

La pantalla de la balanza se despierta.

Me gusta mucho el detalle que junto a la pantalla hay un brillante grabado. Me gustan los brillantes.

—Si presiona aquí en «Tare», entonces la balanza se pone en cero otra vez.

Él presiona el botón de tara. La balanza se coloca en 0,0 g. Eso es porque también puede pesar decigramos.

Pesamos mi teléfono.

La balanza dice «124,5 g». Yo frunzo el ceño.

—Esto peso más bien casi 140 gramos —señalo.

—Hm, bueno, no está recta recta del todo —comenta el vendedor.

Es verdad.

La balanza está apoyada sobre muchos paquetes con todo tipo de accesorios de telefonía, que se amontonan sobre el mostrador como naranjas en el mercado.

—Con esto puedo pesar hasta 500 gramos. Muy precisa. Cuesta 20 euros. De todas maneras al final es 1,45 —sonríe amigable otra vez. Y también con complicidad.

—¿1,45?

Estoy confundido.

—Gastos de envío —dice el vendedor con una sonrisa enigmática. Me ha descubierto. Es obvio que no quiero pesar cartas. Me guiña un ojo.

—También puede pesar correctamente plata y otras cosas.

—Siii —tartamudeo y busco una excusa—, me gustaría también utilizarla como balanza de cocina.

Entonces los 500 gramos quizás es muy poco. Voy a mirar en la tienda Karstadt —es imposible que intente explicarle en este momento que me gustaría poder pesar mis zapatillas.

—Como balanza de cocina. ¡Uau! —el vendedor alza visiblemente las cejas. Estoy bastante seguro, de que no hablamos del mismo tipo de cocina.

—Claro. Tiene que adaptarse a las necesidades de cada uno —dice él, sonríe cordialmente y empaqueta la balanza de joyería de nuevo en su cofre.

En Karstadt las balanzas de cocina digitales están en oferta. Para probar, peso mi teléfono en varios modelos: «139 gramos». Correcto. Todas pueden pesar hasta 5 kilos con graduación de un gramo.

Sin que nadie me aconseje, elijo el modelo de acero inoxidable ADE Maja por 19,95 euros en vez de 44,95 euros y disfruto de la agradable sensación de cazar un chollo.

Un poco más tarde en el restaurante, no puedo esperar más y desempaqueto la balanza, mientras la sopa vietnamita se hace esperar. Lo admito: la caja de cartón no es ningún cofre.

Se tiene que retirar una tira de plástico para activar las pilas.

La balanza despierta, se ajusta e informa orgullosa:

«351 g»

Presiono como un experto la tecla «zero», lo sé por el ejemplar de prueba en Karstadt. Qué bonita reluce su gran superficie de acero inoxidable a la luz de las velas.

«351 g»

Mi buena amiga, que sólo tiene una balanza de cocina analógica, me mira con escepticismo.

Presiono con más fuerza la tecla «zero». Todos los símbolos de la pantalla parpadean asustados.

«351 g»

—A lo mejor tienes que apretar más fuerte —me sugiere mi vieja amiga analógica.

Apago la balanza. Y enciendo otra vez.

«0 g»

—Ya ves—murmuro y pongo arriba mi querida braga de cuello Noname.

«38 g»

Peso la braga de cuello Original Buff, que después del chollo de la balanza, en una breve excursión a la sección de equipamiento *outdoor*, no he podido resistirme y la he tenido que comprar.

«36 g»

—Aha —murmuro triunfante—, me llevo entonces la más ligera.

—Sabes que eres un auténtico *nerd*, ¿no?

Bajo la romántica luz de las velas del restaurante, no puede leer en su rostro con exactitud, si ha hecho este comentario en tono cariñoso, divertido o más bien totalmente en serio y malvado.

Con la esperanza de poner de nuevo toda esta situación en cero, presiono la tecla «zero».

«36 g»

—Esto no puede ser —digo en tono determinante—, mañana voy a cambiar la balanza.

Más tarde en la noche, leo una revista para probar el modo luz roja de la linterna frontal. Funciona a la perfección.

Feliz y contento, descubro bajo el débil resplandor rojizo de la linterna un artículo con el título: «Cuando sea mayor, seré un *nerd*».

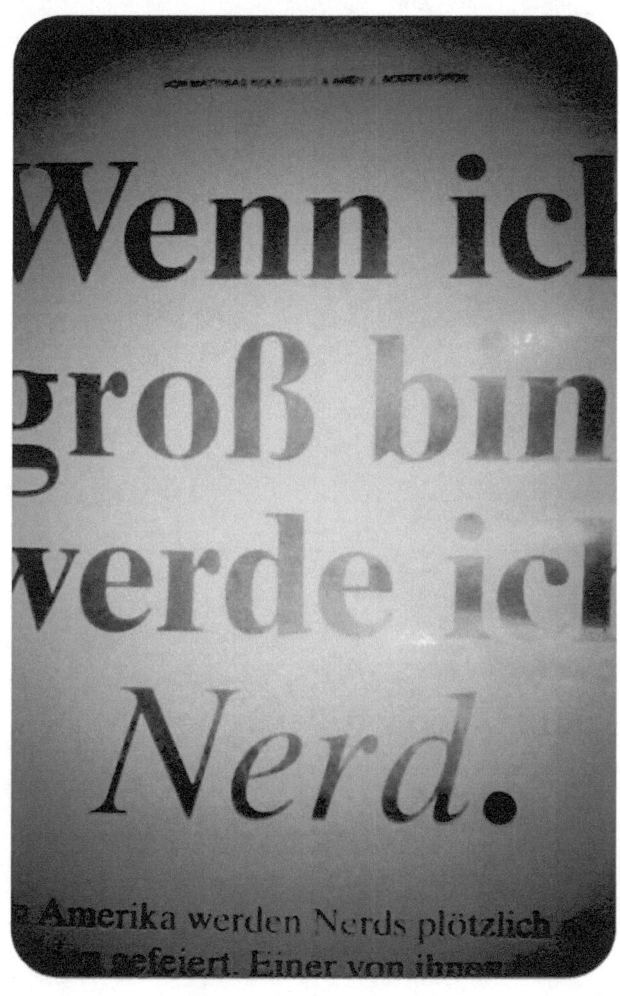

A la mañana siguiente, quiero cambiar en Karstadt la balanza sumamente tozuda ADE Maja, por un modelo que funcione bien. Aunque sorprendentemente, las otras balanzas en oferta, despiertan mi deseo caprichoso, fantasioso y obstinado, de intentar realizar la prueba de ponerlas en cero.

—Esto no me gusta —expresa con énfasis el empleado de Karstadt y me obliga a aceptar el cambio de la ADE Maja por una Soehnle Exacta:

—Las balanzas de Soehnle son buenas. Hasta ahora nadie ha devuelto ninguna.

«0 g» susurra tímidamente la Soehnle Exacta.

Me gusta al momento.

10. ¿Pesar y empaquetar?

Menos los pantalones y algún que otro detalles más, tengo reunido todo mi equipamiento. Es hora de pesarlo y decidirme por una mochila:

—¿Cuánto pesa mi Nexus?

«139 g» susurra la Soehnle Exacta.

—¿Cuánto pesa mi *spork*?

«10 g»

Esto era un test preliminar. Prueba superada. Ahora esto puede empezar de verdad:

—¿Bastones de *trekking* Leki?

«514 g»

—¿En serio?

«514 g»

¡Perfecto! En el paquete pone 535 g. Existen oscilaciones de peso relacionadas con las técnicas de producción a mi favor. Acercándose hasta ultraligero…

—¿Brooks Cascadia?

«936 g»

Huy, no había contado con esto.

—¿GoLite JAM 35L?

«834 g»

¿Cómo?

—¿Laufbursche huckePÄCKchen Spezial?

«460 g»

Vaya, ¡fuertes oscilaciones de peso en mi contra! ¿Qué pasa aquí? ¿Esta cosa sólo debería pesar 350 g? Busco en la página web del fabricante: 350 g pesa la mochila desnuda sin cinturón de cadera ni acolchado trasero. Ah bueno. Está bien.

—¿Cámara digital Canon Ixus?

«142 g»

—¿Bloc de notas?

«96 g»

—¿Calendario?

«165 g»

—¿Guía de senderismo Rother?

«236 g»

—¿Guía de senderismo Outdoor?

«259 g»

Madre mía, el papel es bastante pesado...

Peso y sigo pensado y con cada kilo aumenta mi sorpresa y desesperación:

—¿Desodorante?

«143 g»

—¿Perfume?

«209 g»

—¿Maquinilla de afeitar?

«225 g»

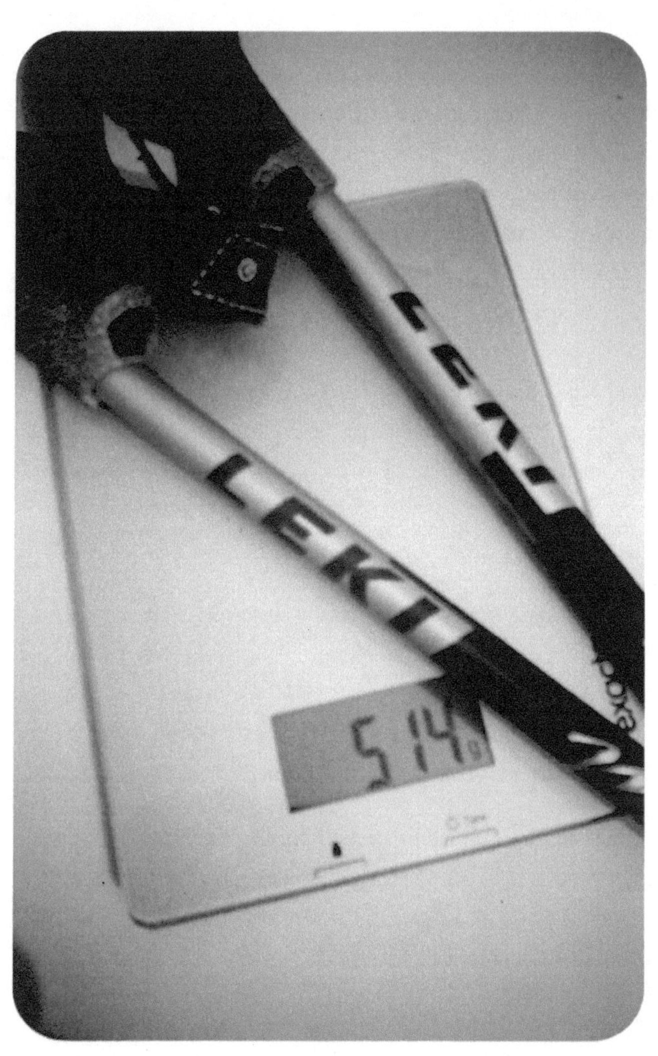

—¿Sandalias?

«390 g»

¿Por qué pesa todo tanto? Yo esperaba llegar sin dificultades a la marca de 5 kg, pero en realidad estoy por encima de los 10 kilogramos.

Mi bolsa de aseo pesa demasiado, mis aparatos pesan demasiado, mi ropa pesa demasiado: mi Bodyfit Half Zip de Icebreaker con 270 g es prácticamente igual de pesado que la chaqueta de forro polar…

¿Soy demasiado grande para viajar ultraligero?

La máquina de afeitar se queda en casa.

Eso seguro.

En el sitio Icebreaker.com encargo junto con dos pares de calcetines, que todavía necesito, dos boxers y dos camisetas de manga corta de lana merino de 150. Son más ligeras y sustituyen a las 200. La camisa ExOfficio se queda en casa sin sustituto.

*En Mister*Lady, en el centro comercial Alexa de la plaza Alexanderplatz, encuentro chanclas, que sólo pesan 184 g. Las Kyoto Sidewalk Surfer de Sanuk están descartadas. En Rossmann y DM compro unas tijeras para barba, un cortaúñas, hilo dental en formato viaje, etc. Muchos productos cosméticos se quedan en casa.*

De las guías de senderismo me hago copias privadas digitales, les hago fotos y las transformo en documentos con formato pdf. La versión en papel de las guías se queda en Berlín. Al igual que el bloc de notas, calendario, etc.

Probando las botellitas de Relags con cierre de vertido todo funciona perfecto. Al menos el primer día. El segundo día la pasta de dientes se ha secado en el surtidor. Aprieto con más fuerza. De repente se libera el bloqueo y la pasta de dientes se esparce como una explosión por todo el baño, salpicando los azulejos, el espejo y a mí. Sólo en el cepillo de dientes no ha caído nada. Al final decido utilizar estas botellitas sólo para el champú y el gel de ducha.

11. ¿Smartphone o flota de aparatos?

En el traspaso de la mochila de 10 kg hacia la mochila de 5 kg, el *smartphone* puede ser un buen aliado: en las últimas horas, ya ha sustituido a las dos guías de senderismo, el bloc de notas, el dispositivo USB, la cámara digital, la alarma de viaje y el calendario.

¡1.014 gramos menos!

Los siete componentes del equipo se han descartado totalmente y eliminado de la lista de equipaje. En su lugar están en el equipaje: app para tomar notas, app de cámara, app de despertador, app de calendario, etc.

¡Fantástico!

¿Qué más podría sustituir todavía el *smartphone*?

¡La videocámara!

Ni la tengo en el equipaje.

¡El localizador GPS!

Eh, este ni siquiera estaba planeado, pero es bueno saber que ahora llevo conmigo un dispositivo GPS y una videocámara HD…

Calculadora de bolsillo, linterna, espejo de bolsillo, álbum de fotos, mapa de senderismo, reproductor MP3…

Contactos: App Android Contact
Explorador: App Google Chrome
Chat: App WhatsApp
Cámara digital: App Android Camera /App Vignette
Lector e-book: App Adobe Reader /App Amazon Kindle
E-mails: App Android E-Mail
Álbum de fotos: App Android Galerie /Vignette Gallery
Dispositivo GPS: App OruxMaps (GPS-Tracks: editorial Bergverlag Rother, instrucciones de descarga en la guía de senderismo o en la página web de la editorial)
Calendario: App Android Calender
Reproductor MP3: App Android Play Music
Noticias: App Android News
Lista de números de emergencia: Guardado como notas
Bloc de notas: App ColorNote
SMS/MMS: App Android SMS
Linterna: Pantalla de bloqueo Nexus 4
Calculadora: App Android Calculator
Espejo de bolsillo: Cámara frontal
Llamadas telefónicas: App Android Telefon
Reloj: Widget Android Analog Clock
Dispositivo USB: memoria interna del Nexus 4 (ej. para guardar las tarjetas de embarque del vuelo de regreso)
Videocámara: App Android Camera en modo video

Mapa de senderismo: App OruxMaps / App Google Maps (Se pueden cargar previamente segmentos de los mapas, para que estén disponibles también sin conexión)
1. Guía de senderismo: *Spanischer Jakobsweg: Von den Pyrenäen bis Santiago de Compostela – 41 Etappen*, Cordula Rabe, editorial Bergverlag Rother, 7ª Edición, 2012; Copia privada digitalizada como e-book (PDF)
2. Guía de senderismo: *Outdoor Hanbuch Band 23, Spanien: Jakobsweg Camino Francés*, Raimund Joos, editorial Conrad Stein Verlag, 16ª Edición, 2013; Copia privada digitalizada como e-book (PDF)
Alarma: Widget Android Analog Clock
Pronóstico del tiempo: App Android Weather
Diccionario: App Google Translate

Poco a poco me estoy poniendo nervioso.

¿Qué voy a hacer si este valioso dispositivo multifunción se rompe o se queda sin batería en un momento crucial?

Mi iPod Touch me sonríe y me hace señas.

En realidad él tiene razón –en definitiva puede hacer casi lo mismo que el s*martphone*: alarma de repuesto, bloc de notas de repuesto, calculadora de repuesto, etc.

Podría leer con el Nexus la versión digital de la guía, mientras hago anotaciones con el iPod.

¡Y ambos dispositivos juntos pesan todavía menos que la guía de senderismo Outdoor!

Sí, eso está bien.

Con dos dispositivos inteligentes me siento seguro.

Con la App Advanced Task Killer se ayuda a sí mismo el smartphone a mejorar la duración de la batería. Como no voy a llamar mucho por teléfono, puede estar activado el modo avión la mayor parte del tiempo. Se puede reducir la luminosidad de la pantalla. Así también se ahorra batería. Con un uso normal, dura de dos a tres días. Esto es perfecto para el Camino de Santiago.

Tomo pequeñas decisiones sobre el equipamiento, por ejemplo: la toalla Pocket Towel de Sea to Summit sirve para limpiar las gafas y es tan grande, que con ella puedo secarme la espalda. Con esto ha ganado frente a la Mikrofaser-Universaltücher de DM. «Primero quítese siempre el agua con las manos», me recomendó la vendedora.

Pinzas para ropa: los Multi-Clips de Ortec son más ligeros que la cuerda para tender la ropa de Sea to Summit. Seis de los Multi-Clips viajan como pinzas para la ropa en la bolsa de aseo.

En la Galeria Kaufhof en la plaza Alexanderplatz, me decido por uno pantalón running corto de Puma y un Buff de lana merino. Ahora ya tengo una primera capa completa de merino. Muy bien.

Como piedra para la Cruz de Ferro, meto en el equipaje una manejable piedra Shiva Lingam del rio indio Narmada, que una amiga me ha regalado.

Para tener una visión general, divido las piezas pequeñas de equipaje en tres bolsas distintas: bolsa de aseo, bolsa de tecnología y bolsa de documentación.

Auriculares: los auriculares del iPod Touch ya no funcionan bien. Necesito un par nuevo…

12. ¿Tapones o noches en vela?

El vendedor mira con desagrado los coloridos productos que tengo entre mis manos:

—¡Esos yo no los compraría!

—¿No?

Estoy en la tienda Saturn en la plaza Alexanderplatz. Entre los varios centenares de auriculares, he escogido unos cuantos para pedir consejo, porque nombres como Sony MDR-EX37B no me dicen nada…

—Llévese Sennheiser. Precio similar, sonido totalmente distinto. Siga más adelante en línea recta diagonal…

Devuelvo los Sony a la colorida sección dónde se hacinan auriculares y camino en línea recta diagonal –pasando cientos, quizás miles de auriculares– hacía la esquina elitista de Sennheiser, escojo tres productos y estoy otra vez confundido: ¿MX 270, OMX 185 o CX 400-II?

Otro vendedor me ayuda:

—Ha seleccionado ejemplares muy diferentes entre sí. Estos dos, bueno, pero este de aquí, ¡es un supermodelo!

¡Reproducen muy buen sonido!

—Los auriculares de mi iPod Touch 4 están rotos… —añado.

—Ah, auriculares iPod —me interrumpe el vendedor—. Estos tienen un sonido tan bueno que penetra en el oído a través del tímpano, y no se oye nada de afuera. Con estos, la mitad del sonido va al vecino y el resto, bueno —, encoje los hombres.

Observo, que se rompió la nariz en algún momento y que se quedó un poco torcida. Espero que no sea el resultado de una interacción con los auriculares equivocados y un vecino cabreado.

—Voy a probarlos.

Sus ojos brillan.

—¡Es verdad que reproducen un sonido genial!

He pagado los CX 400-II, estoy al lado de la papelera de reciclaje del vestíbulo e intento sin éxito, abrir el paquete sellado de plástico de máxima seguridad. Cruje y se dobla con facilidad, pero aparte de eso está duro como el hielo.

Me resbalo…

—Tenga, ¡esto podría minimizar el riesgo de accidente!

Un vigilante de Saturn me alcanza unas tijeras riéndose.

Ahora soy el centro de miradas graciosas desde los pies hasta los auriculares… …

Mi iPod reproduce "Everything at Once" de Lenka.

¿De dónde viene este bajo?

Hasta ahora nunca había estado en la canción.

Cambio a "Gangnam Style" de Psy.

¡Fantástico!

¡Qué sonido!

El vendedor tenía razón.

El mundo a mi alrededor está totalmente enmudecido: los labios de la gente en la escalera mecánica se mueven. No oigo nada.

Las personas en la línea 2 del metro están a centímetros de distancia. Nada. Película muda. Movimientos de labios.

¡Aleluya!

Con esto no había contado. Ni siquiera se escucha el ruido que hace el metro en circulación.

Sean Paul respira hondo…

Un momento, ¿cómo?

¿Desde cuándo se oye a Sean Paul respirar al principio de "Get Busy"?

Mis auriculares del iPod Touch realmente no eran tan buenos…

En caso de que el dormitorio sea demasiado ruidoso a pesar de los tapones para los oídos, puedo recurrir a los auriculares. Espero que nadie ronque más fuerte que cuando el metro está lleno…

Ohropax Color y Ohropax Classic son de uso limitado, así que me decido por los Ortec Ultra Plugs.

Después me doy cuenta que Ohropax ofrecen tapones para los oídos parecidos con el mismo grado de insonorización con el nombre de Ohropax Multi. Como no veo ninguna ventaja en cuanto a la calidad, me quedo con los Ortecs.

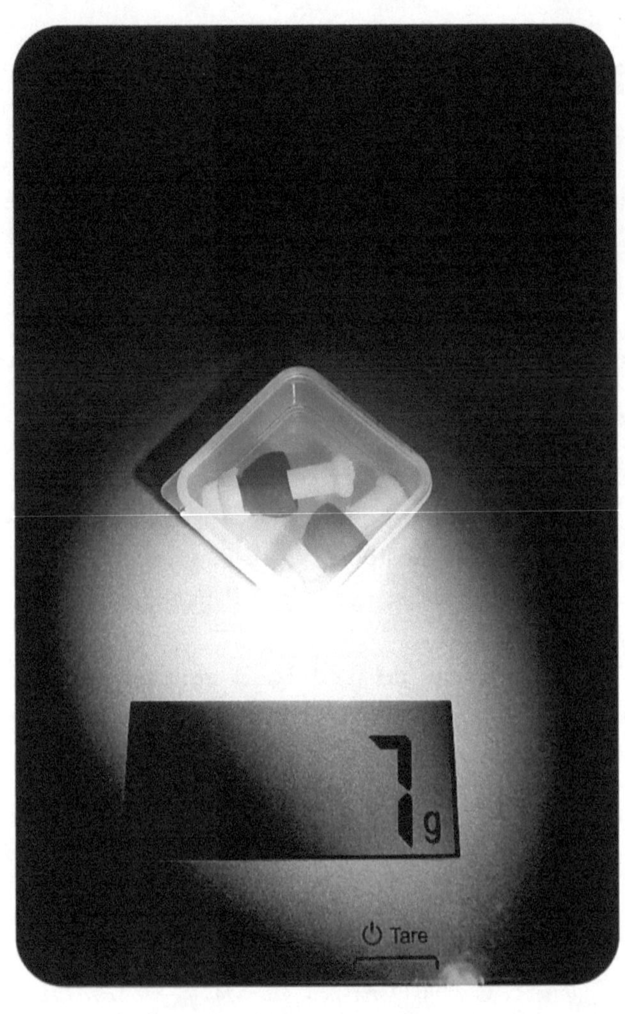

Con las almohadillas extra de los accesorios de los auriculares Sennheiser CX 400-II, mejoro los tapones naranja Ortec Ultra Plugs. Ahora pesan apenas 7 gramos con caja incluida, pero son más gruesos. Muy bonitos.

13. ¿Provisiones o ayuno?

En la televisión están transmitiendo un documental con el título "Vivir de la Luz". Trata sobre personas que practican la nutrición solar. Estas personas no comen ni beben, sino que se alimentan exclusivamente de la energía de la luz.

Interesante.

Una mujer que se presenta en la película documental es Tianying, maestra de Tian Gong. Se dice que vive en el estado del Bi Gu Fu Qi –abreviado: Bi Gu; literal: renuncia a los granos, incorporación de Qi.

Concretamente ella no sólo no ingiere ningún grano, sino que supuestamente no come nada.

Acudo a una meditación con una transmisión de energía Bi Gu en el Instituto Tian Gong de Berlín.

«En Tian Gong puedes llegar de un día al otro al estado de Bi-Gu aún como principiante», proclama la página web del Insituto.

Después de la meditación hablo con la maestra:

—¿Cuánto tiempo se tarda en alcanzar el estado Bi-Gu?

Ella se ríe.

—Eso no se puede decir con certeza…

—¿Cuánto tiempo entonces ha tardado usted?

—Más o menos 20 años…

Entonces el redactor de la página web era bastante más optimista que la propia maestra.

¿Qué posibilidades existen de mantener bajo el peso de las provisiones durante la ruta?

Ayuno. ¿Ayuno? ¿Ayuno con frutas? ¿Ayuno con zumos? ¿Ayuno con sopas? ¿Ayuno y senderismo?

De todo eso nada me sirve.

El consumo prolongado de nutrición deportiva tampoco parece una solución práctica. El gel concentrado Xenofit sabe bien la primera vez, pero después de semanas seguro que no.

Acudo a unos amigos que ya han recorrido el Camino de Santiago:

—Ah, de eso no tienes que preocuparte —recibo como respuesta—, hay por todos lados –menos en algunas excepciones– fuentes, restaurantes y negocios. ¡Los pueblos a lo largo del Camino están preparados para los peregrinos!

Al final me decido por la estrategia de llevar muy pocas o incluso nada de provisiones. En vez de esto, recurriré a los pequeños bares, cafeterías y tiendas en los pueblos del Camino. Esto refuerza la economía local y reduce el peso de mi mochila.

Así todos salimos ganado…

14. ¿Guantes o sabañones?

Emocionado levanto la enrome palanca y abro la sencilla puerta blanca…

—¡Por favor no presione el botón rojo! —me indica la vendedora.

Detrás de la puerta hay un corto pasillo.

Luego otra puerta.

Ya estoy dentro:

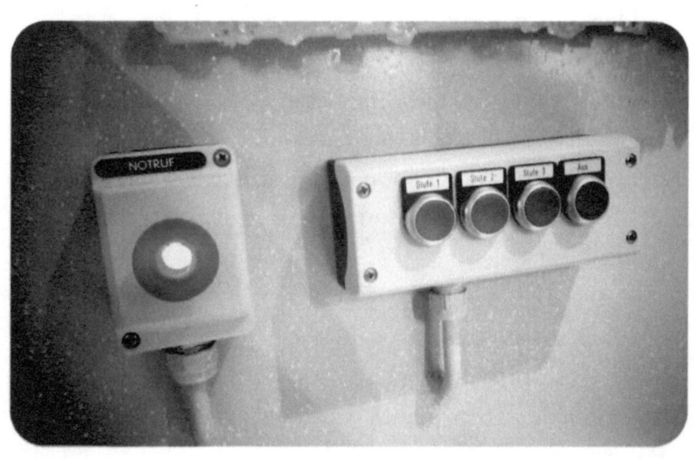

Nunca en mi vida había estado en cámara de frío… Estoy en la tienda Globetrotter en Berlín. Con los pantalones Millet Triolet Pants y los Montane Minimus Pants realizo el test de resistencia:

«Nivel 1»

Presiono el botón verde.

Grandes turbinas rojas se mueven primero despacio –retumbando más fuerte– y cada vez más y más rápido. Yo estoy justo en frente. A mi alrededor estamos a -8 °C. La cámara tiene una pared de cristal.

Al otro lado en la sección de mochilas, los clientes caminan indecisos de aquí para allá con pesadas mochilas de prueba. Un niño se rasca la nariz y me mira con interés dentro del acuario frigorífico con máquinas de viento.

Los pantalones tiemblan. El viento sopla a través del pantalón Triolet Pants, como si no lo llevase puesto.

Mis piernas se quejan a gritos y se enfrían en cuestión de segundos maldiciendo de forma desagradable.

—¡Fuera!

Las turbinas se paran.

Hay cuatro botones para regular la intensidad del viento y un botón rojo grande de emergencia. Junto a mí hay un bloque de hielo tan grande como un banco de jardín. Arriba han puesto una esterilla aislante negra. Me siento encima del bloque y me pongo el pantalón impermeable Montane Minimus sobre el Triolet Pants.

Otra vez en:

«Nivel 1»

El viento sopla a través de la cámara de frío.

A mis piernas ya no les importa. El pantalón impermeable es totalmente resistente al viento.

«Nivel 2»

Mis piernas retienen el calor.

«Nivel 3»

No funciona.

Da igual.

Los pantalones están bien: uno es bastante ligero y perfecto para días cálidos, el otro me protege de la lluvia, el viento y el frío.

Mi mirada se detiene en un monitor en la pared:

—¿Esto es un …?

Lo es.

Una imagen termográfica en vivo que muestra una cámara en la esquina de la cámara de frío:

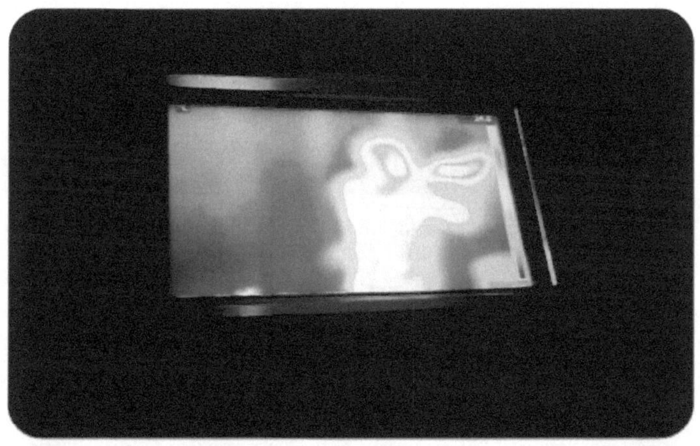

Mi cuerpo se representa en el monitor en colores moderados: así como los pantalones protegen las piernas, aparentemente las camisetas de merino, el forro polar, la chaqueta cortavientos y la chaqueta impermeable aíslan con gran efectividad mi tronco.

Sólo el rostro y las manos aparecen en un rojo alarmante. Según la escala al margen de la pantalla, esto significa: mucho calor hacia fuera. Aquí se pierde calor corporal.

Me pongo mis finos guantes de forro polar.

Brr.

El viento los atraviesa.

Me pongo las bolsas de alimentos sobre las manos.

Mejor.

Pero a pesar de eso, las manos se enfrían muy rápido.

Necesito guantes más calientes… Sin unos buenos guantes salen con facilidad sabañones.

Y eso no lo quiere nadie.

Guantes: en la plaza Alexanderplatz está el mercadillo Ostermarkt. Allí encuentro Latex Leixure Gloves: guantes sin costuras, elásticos, ultraligeros. La mano derecha e izquierda tienen la misma forma. ¡Adiós a los tiempos de ponerse los guantes al revés!

Test de resistencia nº 2: bajo un viento de 27 km/h, nieve y temperaturas bajo cero, me dirijo preparado para la intemperie en dirección al aeródromo del antiguo aeropuerto de Tempelhof. En el parque Hasenheide, el monumento al padre de la gimnasia Friederig Luwig Jahn me mira con buenos ojos. Enseguida me resbalo por el camino helado, pero consigo resistir y mantenerme en pie.

¡Gracias, bastones de trekking!

En el aeródromo ruge el viento congelando. 27 km/h son casi fuerza 5. Tengo un poco de calor. ¡Mejor imposible!

15. ¿*Cutdown* y concha de Santiago?

Muchos peregrinos llevan como símbòlo identificativo una concha de Santiago en la mochila. Eso me gusta. Pero en Berlín, ¿dónde puedo conseguir una concha de Santiago?

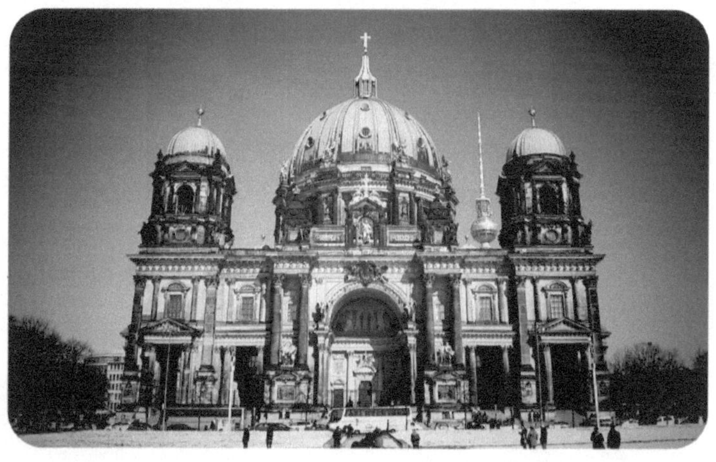

—¡Si tenemos! ¿Congeladas o frescas?

—Eh, quizás no me haya explicado bien – de hecho

sólo necesito la concha…

—Ah bueno, no, lo siento, sólo tenemos las conchas de marisco —dice el hombre en la tienda de delicatessen.

Lo intento en la iglesia Marienkirche, en la Catedral, en la catedral de St. Hedwigs.

Resultado negativo.

Después me envían a una tienda de artículos religiosos en la calle Potsdamer, no muy lejos de la plaza Potsdamer Platz.

«Ave Maria» dice el cartel de la entrada.

Sale a la calle una mujer con una niña de la mano y cierra la puerta.

—¿Eh?

La miro interrogativamente y veo el cartel de la puerta.

Horario de apertura: hasta 18:00 h.

—Ahora hacemos un descanso de 20 minutos, ¡porque hace mucho frio ahí adentro! —exclama sin detenerse y se apresura con la niña pequeña.

Miro por la ventana.

Una pequeña estufa negra de leña arde en la pared de de la tienda. El resplandor del fuego baila por de la ventana de la puerta de la estufa hacia las estanterías medio a oscuras, saltando sobre ángeles blancos y figuras de Jesús, incienso, rosarios, postales con impresiones doradas…

Me tomo un café en la terraza de un bar del edificio vecino, disfruto del radiante brillo del sol. Estamos a finales de marzo, aunque todavía hay nieve.

—Disculpe, ¡ya estamos aquí! —exclama la niña pequeña.

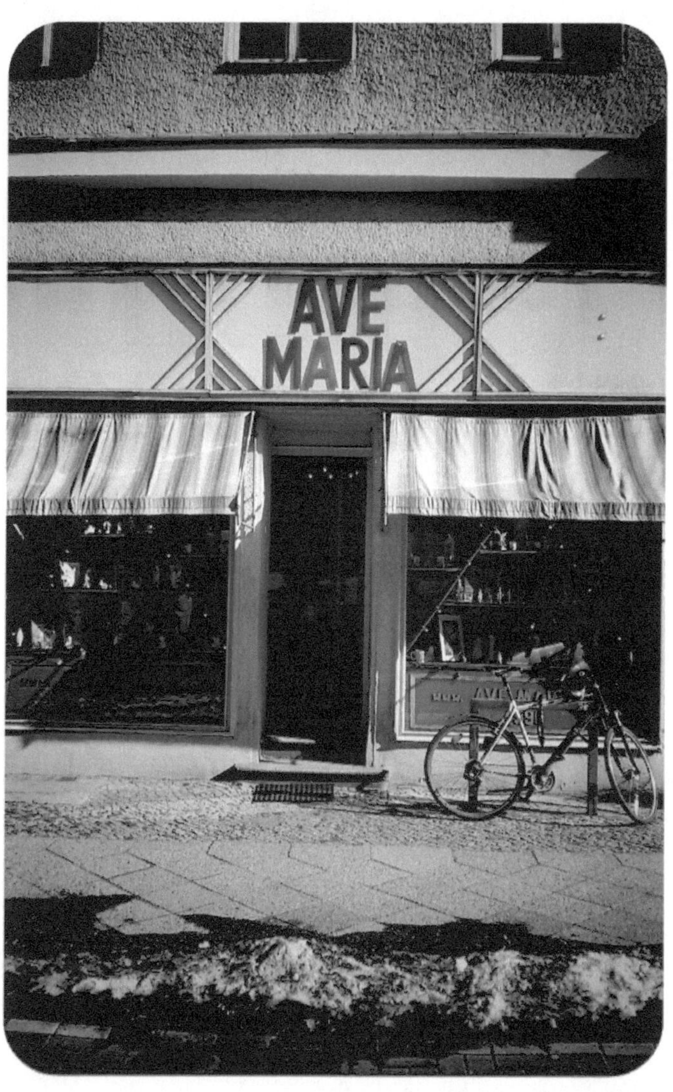

—Lo lamento, no las compramos en gran cantidad —la mujer se disculpa en la tienda por el imponente precio de la concha de Santiago: 15 euros.

—Está bien.

Por suerte puedo elegir la concha que me guste.

—Quisiera hacerle un regalo —mete la mano en una fuente y me alcanza una medalla plateada con un papelito.

Esta es una medalla milagrosa, grabada por orden de la Virgen María, que en 1830 se le apareció en una visión a la novicia Catalania Labouré, el papel dice:

«Todos cuantos la lleven puesta recibirán grandes gracias. Las gracias serán más abundantes para los que la lleven con fe».

Como la concha de Santiago no tiene ningún agujero previamente perforado, mi camino me lleva a la sección de relojería de Galeria Kaufhof:

—No nos arriesgamos. Seguro que se rompe. ¡Intente en Mister Minit!

Mister Minit:

—No me arriesgo. Seguro que se rompe. Para eso se necesita un perforador para diamantes... ¡Intente aquí al lado en la sección de relojería de Galeria Kaufhof!

Regreso de nuevo a Neukölln. En un joyero en Kottbusser Damm tuve menos problemas:

—Tengo perforador para diamantes. Usted asume el riesgo.

Desparece detrás de la cortina.

Suenan los ruidos del perforador

Pienso en la medalla y tengo fe.

Regresa, me guiña un ojo:

—Ha funcionado.

Una vez en casa, peso la medalla milagrosa y ésta produce su segundo milagro:

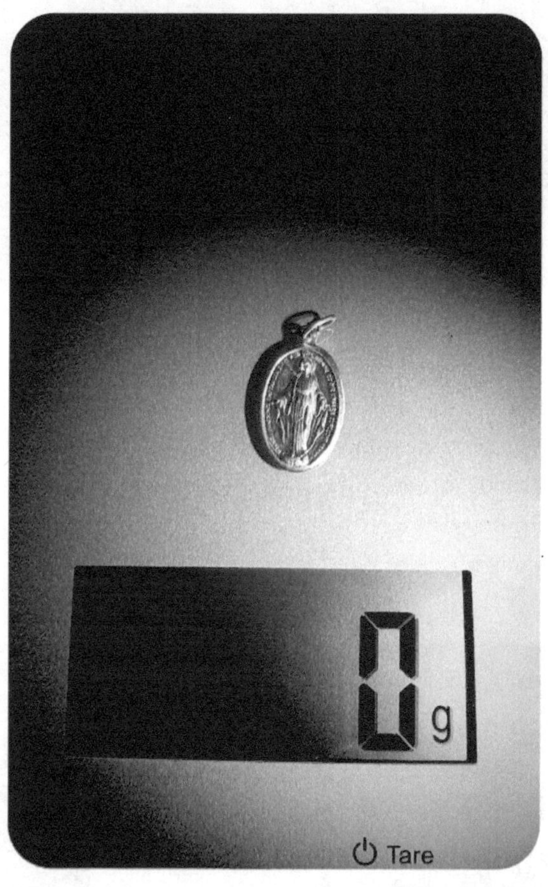

¿Laufbursche huckePäckchen Spezial o GoLite JAM 35 litros? Entre tanto, la decisión de la mochila es fácil: el par de bolsas y piezas de ropa que faltan, caben cómodamente en la mochila de 26 litros de Laufbursche.

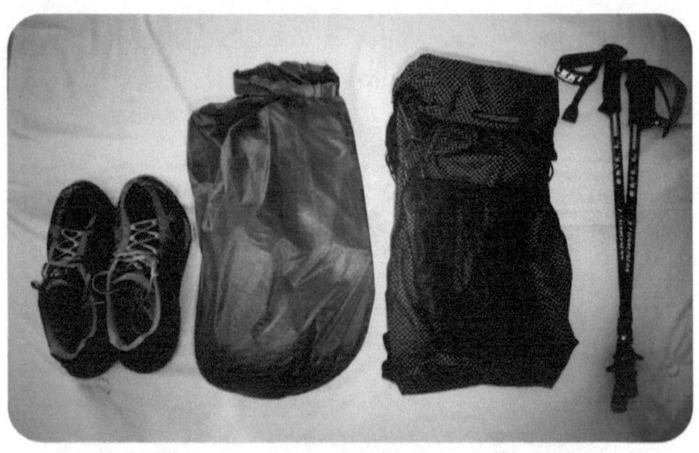

Sólo los bastones de *trekking* son más grandes que la mochila. El resto de los componentes del equipo caben bien en la bolsa estanca. Estas bolsas grandes las utilizo como sacos internos impermeables para la mochila.

Con un cordón ato a la mochila la concha de Santiago y la medalla milagrosa:

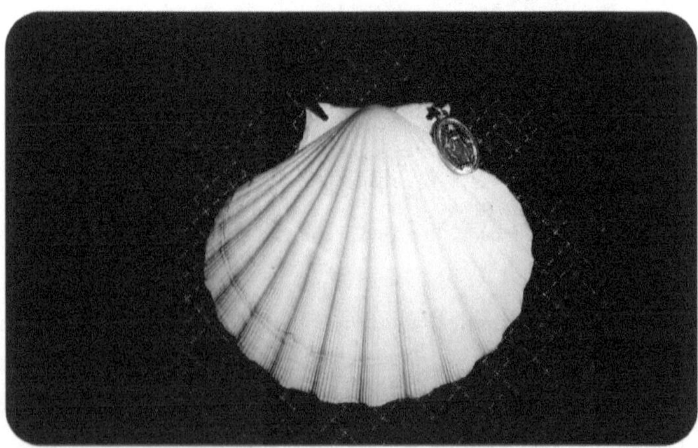

Bueno, ha llegado el momento de retirar todas las etiquetas, tirantes, trabillas, cadenitas etc. innecesarias:

Cutdown	✂	g
Mochila: huckePÄCKchen Spezial, cinturón de cadera, etc. acortados	13	447
Saco de dormir: Cocoon Travel Sheet, funda del saco se queda en casa	10	154
Chanclas Mister*Lady To the Beach	2	182
Calzoncillo: Anatomica Boxers 150 L	1	53
Calzoncillo: Anatomica Boxers 150 L	1	53
Pantalón corto: Puma Runnig Shorts L	33	108
Pantalón largo: Millet Triolet Pants DE 54, broche del cinturón retirado	7	281
Pantalón impermeable: Montane Minimus Pants XL, funda se queda en casa	11	148
Polar: Jack Wolfskin Performance Jacket L	5	270
Cortavientos: Patagonia Houdini Jacket L	2	112
Impermeable: Montane Minimus Jacket XL, funda se queda en casa	9	224
Protección contra viento/lluvia para manos y pies: bolsas Profissimo 6 litros, 4 unid.	6	26
Toalla: Sea to Summit Pocket Towel 40x80cm, envoltorio se queda en casa	14	50
Bolsa estanca/Bolsa de equipaje: Sea to Summit Ultra-Sil Dry Sack 35 litros	2	68
Hilo dental: Rossmann Perlodent sin cera, 10 m formato viaje, tapa retirada	1	5

Cepillo de dientes: cepillo dental de viaje DM Dontodent, tapa extra retirada	3	10
Cortaúñas: Rossmann For Your Beauty, cadenita retirada	1	15
Bolsa de documentación: Eagle Creek Undercover Money Belt, acolchado posterior/bolsillo aherido retirado	10	25

***Cutdown:* 131 gramos**

Todas las indicaciones del peso se expresan en gramos.

En la columna con la tiejera (✂), se indica el peso de las trabillas, etiquetas, velcro, funditas, etc. que se han cortado o descartado durante el cutdown. En la columna de al lado (g) se introduce el peso respectivo del artículo del equipo tras el cutdown.

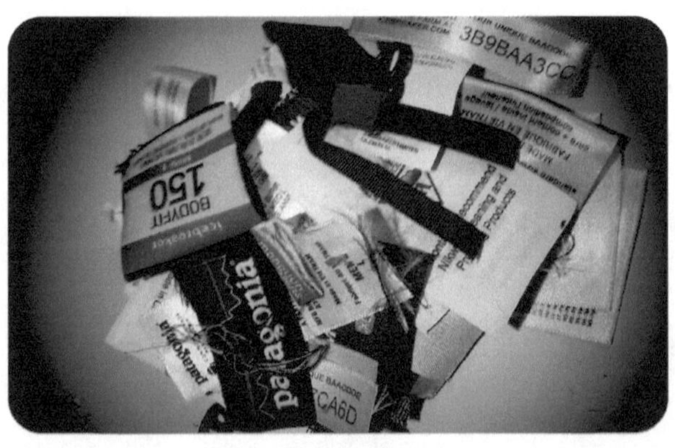

Por cierto, ¿cuánto peso? 95 kg menos 1,6 kg de ropa. De aquí se calcula el peso de la mochila en relación al peso corporal, dando como resultado un 2-4%. Eso está bien.

16. Lista de equipaje: mochila de 3 kg

Bueno. Listo. Compras hechas. Descartes hechos. Cortes hechos. Bolsas de aseo, de tecnología y de documentación llenas. Mochila preparada. Concha colocada. Listo.

La siguiente lista de equipaje contiene todos los artículos del equipo y su peso. Para los componentes optimizados se utiliza el peso del *cutdown.*

Independientemente de la ropa y equipamiento que se lleve en el cuerpo o en la mochila, el peso de la mochila oscila entre 2,1 y 3,8 kg. El peso base –peso total del equipo sin provisiones– asciende a 5.124 gramos.

La cantidad de provisiones se ha calculado con un valor promedio de 500 g, quizás demasiado elevado. Ya veremos...

Como peso inicial –peso de la mochila con provisiones– por ejemplo en una mañana fría sin lluvia, la mochila pesa 2.927 gramos. En la mochila se encuentran 2.427 g de equipamiento + 500 g de provisiones; en el cuerpo se llevan 2.697 g de equipamiento:

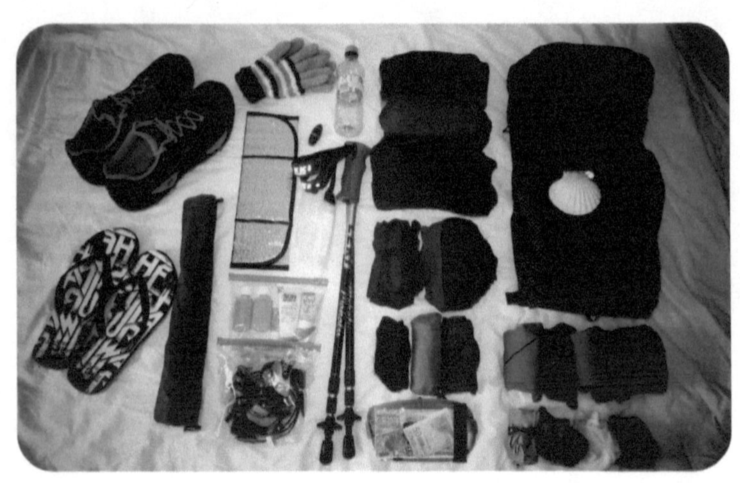

Mochila, saco de dormir, etc.		
Mochila: huckePÄCKchen Spezial		447
Saco de dormir: Cocoon Travel Sheet		154
Bastones de *trekking*: Leki Retro	514	
Tacos para asfalto: Leki Gummipuffer, 2x14 g	28	
Concha de Santiago		49
Medalla milagrosa		0
Cordón de sujeción para la concha de Santiago/medalla milagrosa		2
Piedra para la Cruz de Ferro: Shiva Lingam del rio indio Narmada		38
Botella de agua: Vio 0,5 litros (plástico)		20
Provisiones (valor promedio)		500
Gafas	18	

Calzado	🚶	🎁
Brooks Cascadia 7	936	
Chanclas Mister*Lady To the Beach		182

Ropa	🚶	🎁
Calcetines: Run Ultralite Micro L, XL, 3x33 g	66	33
Calzoncillos: Anatomica Boxers 150 L, 2x53 g	53	53
Camisetas: Icebreaker Bodyfit 150 L, XL	125	136
Pantalón corto: Puma Running Shorts L		108
Pantalón largo: Millet Triolet Pants DE 54	281	
P. impermeable: Montane Minimus Pants XL		148
Polar: Jack Wolfskin Performance Jacket L	270	
Cortavientos: Patagonia Houdini Jacket L	112	
Impermeable: Montane Minimus Jacket XL		224
Pañuelo multiusos para cuello, cabeza, calentador: Original Buff Wool Buff Grey	48	
Guantes: Latex Leixure Gloves		46
Protección contra viento/lluvia para manos y pies: Bolsas Profissimo 6 litros, 4 unidades		26
Asiento aislante de aluminio: McKinley Alu Seat Cushion, aprox. 35x35 cm		14
Toalla/pañuelo limpiagafas/bufanda: Sea to Summit Pocket Towel, aprox. 40x80cm		50
Bolsa estanca/Bolsa de equipaje: Sea to Summit Ultra-Sil Dry Sack 35 litros		68

Peso de la ropa: 1.861 gramos

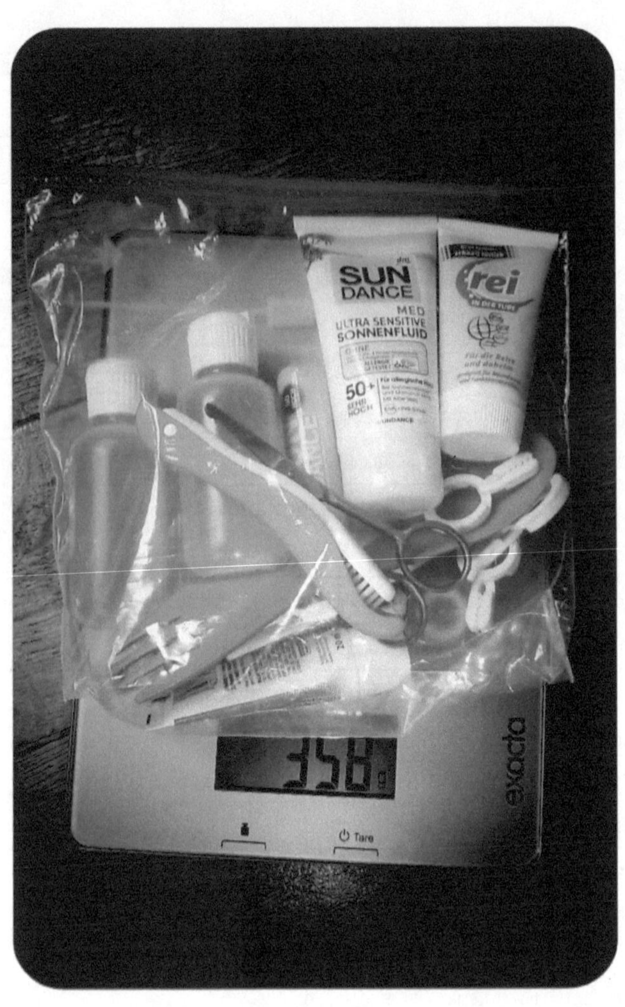

Bolsa de aseo		
Hilo dental: Rossmann Perlodent, sin cera, 10 m formato viaje		5
Pasta de dientes: Rossmann Perlodent Perfect		35

Clean, 20 ml tubo de viaje		
Cepillo dental: cepillo de viaje DM Dontodent, plegable		10
Gel de ducha: Sea to Summit Bodywash, concentrado en botellita Relags, aprox. 40 ml		67
Champú: Sea to Summit Shampoo, concentrado en botellita Relags, aprox. 35 ml		58
Protección solar: crema solar DM Sundance Med Ultra Sensitive, factor de protección 50+, 50 ml en tubo de viaje		61
Protección solar: protector labial DM Sundance Sensitive, factor de protección 50		15
Detergente: Rei in der Tube, 30 ml en tubo de viaje		38
Tapones para los oídos: tapones Ortec Ultra-Plugs Ultra SNR 30, lavables, con caja		7
Cuchara/tenedor/cuchillo: *spork*		10
Pinzas para la ropa/clips universales: Ortec Multi-Clips, 6 unidades		9
Cortaúñas: cortaúñas pequeño Rossmann For Your Beauty con limpiador y lima		15
Tijeras para barba: tijeras de acero inoxidable Rossmann For Your Beauty, antialérgicas		21
Bolsa de aseo/Bolsa para líquidos en el avión: bolsa Profissimo Quick'n Fresh 1 litro		7

Peso de bolsa de aseo: 358 gramos

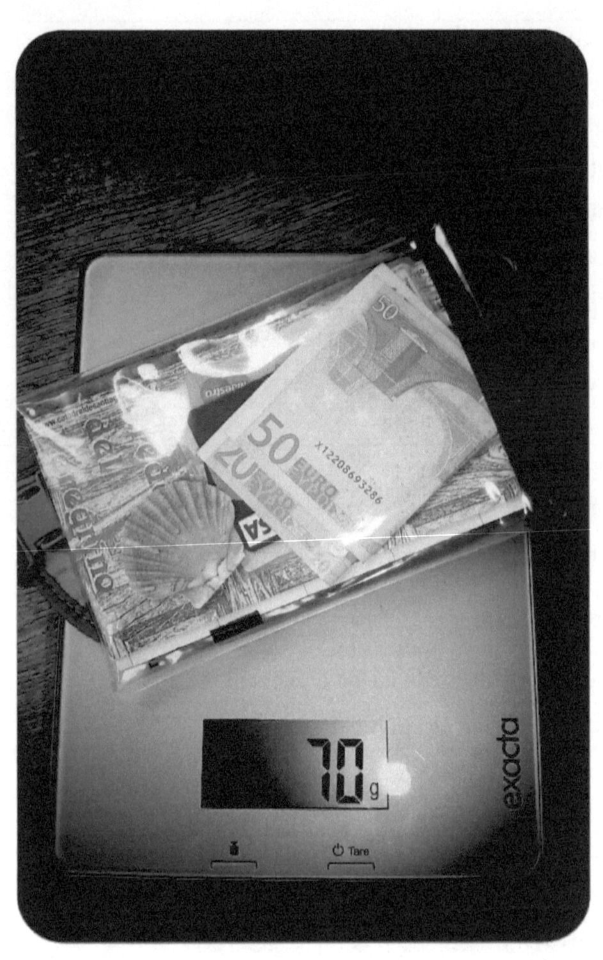

Bolsa de tecnología		
Linterna frontal/silbato: Petzl Tikka XP^2, incluyendo pilas AAA Varta Micro 35 g		88
Smartphone/Cámara/Dispositivo USB/Guía /Alarma/Bloc de notas, etc.: LG Nexus 4*	139	

Protector contra lluvia *smartphone*/iPod Touch: aLoksak 3x6 (2x5g)	5	5
Cable USB y del cargador para *smartphone*		23
Reproductor MP3 /Alarma, guía, bloc de notas, etc. de repuesto: iPod Touch 4*	102	
Cable USB y del cargador para iPod Touch		20
Cargador: adaptador USB del LG Nexus 4 para cargar *smartphone* y iPod		30
Auriculares: Sennheiser CX 400-II		12
Bloc Muji Key Ring Memo Block		9
Bolígrafo		7
Bolsa de tecnología/Protección contra lluvia: bolsa Profissimo Quick'n Fresh 1 litro		7

Peso de bolsa de tecnología: 447 gramos

Bolsa de documentación		
Documentación personal		5
Tarjeta bancaria: tarjeta Visa		5
Tarjeta bancaria: tarjeta EC		5
Credencial del Peregrino con copia ampliada		19
Pequeña concha de Santiago		3
Protección contra lluvia: aLoksak 4x7		6
Efectivo: 70 euros, 2 billetes (ejemplo)		2
Bolsa de documentos/Monedero: Eagle Creek Undercover Money Belt		25

Peso de bolsa de documentación: 70 gramos

Todas las indicaciones del peso se expresan en gramos.

En la columna con el hombrecito ( ) se encuentran los datos del equipo que se lleva en el cuerpo. Como obviamente estos datos son variables, se toma como ejemplo un mediodía sin lluvia.

En la columna con el paquete ( ) se indica el peso de los artículos guardados en la mochila.

*Smartphones, tabletas, el iPod Touch y dispositivos multifunción similares, ofrecen infinitas posibilidades. Son muy útiles para el Camino de Santiago: hacer fotos y videos, guardar anotaciones, consultar la predicción del tiempo, noticias y mapas, leer la guía de senderismo, chatear, escribir mails, etc. Sustituyen totalmente a otros componentes del equipo como por ejemplo: linterna, calculadora de bolsillo, reloj, alarma, reproductor MP3, dispositivo USB, etc.

¡Y allá vamos!

Al fin en camino…

II. Peregrinaje

1. Llegada

—El Camino de Santiago ahora está cerrado —me explica por teléfono la dueña del albergue en un inglés roto.

—¿Cerrado?

No sabía, que esto pudiera pasar.

—Sí, cerrado —repite con voz más seria—, hay demasiada nieve.

En el aeropuerto de Schönefeld entrego mi equipaje. El hombre del mostrador me mira de forma interrogativa:

—¿De verdad?

La bolsa con los bastones de *trekking*, las tijeras para barba y mi cortaúñas pesan apenas unos 600 gramos.

—Sí, de verdad. Dentro hay bastones de *trekking* que no puedo llevar en el equipaje de mano.

—Ah bueno.

Sobrevuelo Basilea en dirección a Burdeos, después sigo por Bayona hasta St. Pied de Port:

—Tendría que haber validado el billete en la estación antes de su salida —sonríe la revisora.

—Uy.

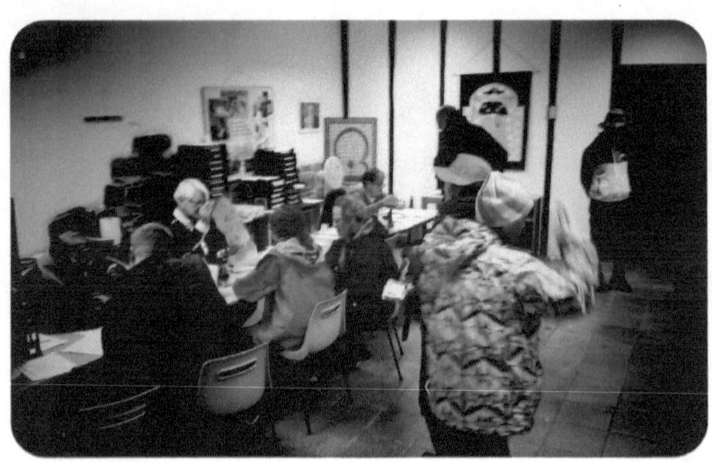

—¡Cerrado! ¡No!

La señora del pelo blanco en la oficina de información al peregrino, nos mira con insistencia moviendo su dedo dedo índice.

A mi lado está sentada Steffi, de Alemania. Siempre se registra y se da información a dos peregrinos a la vez:

—¡No! ¡Nieve! ¡Demasiado peligroso!

Enérgicamente la señora mayor marca cruces rojas en el mapa de senderismo que nos ha proporcionado.

—¡No vayan por este camino! ¡En vez de éste, vayan por el otro camino! —dice en francés y nos muestra la ruta en el mapa.

Asentimos con la cabeza.

Ella nos mira fijamente a los ojos, para estar segura de que no hagamos ninguna tontería.

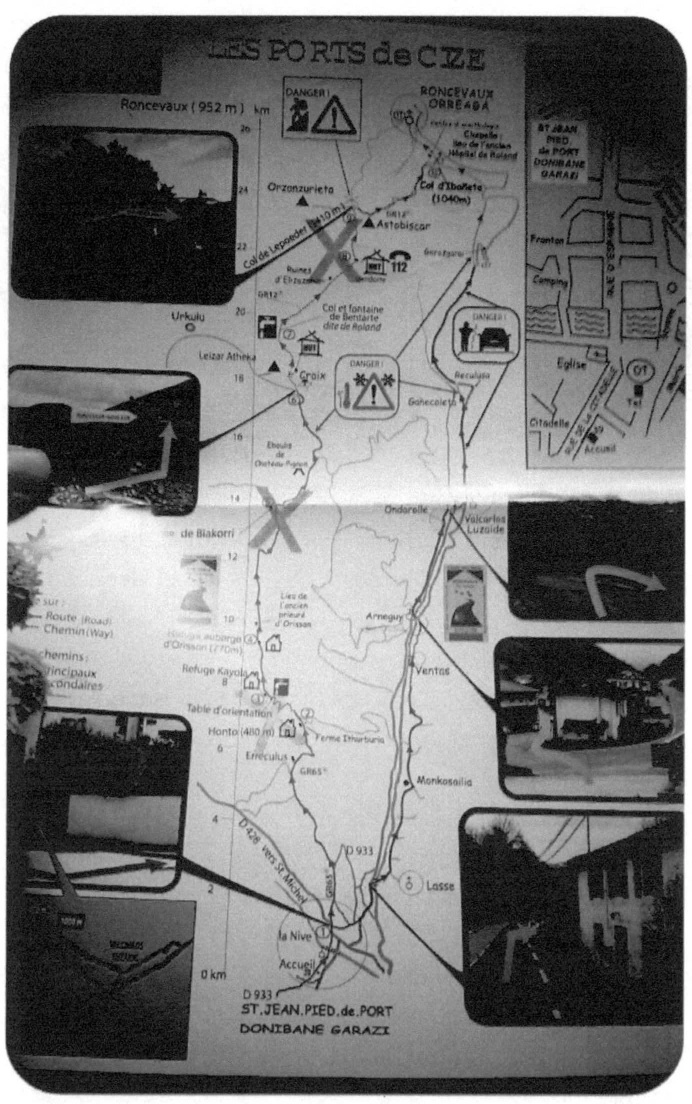

Respondemos con una tierna mirada de corderito.

El Camino de Santiago no está todavía cerrado del todo, hay una ruta alternativa. Qué bien.

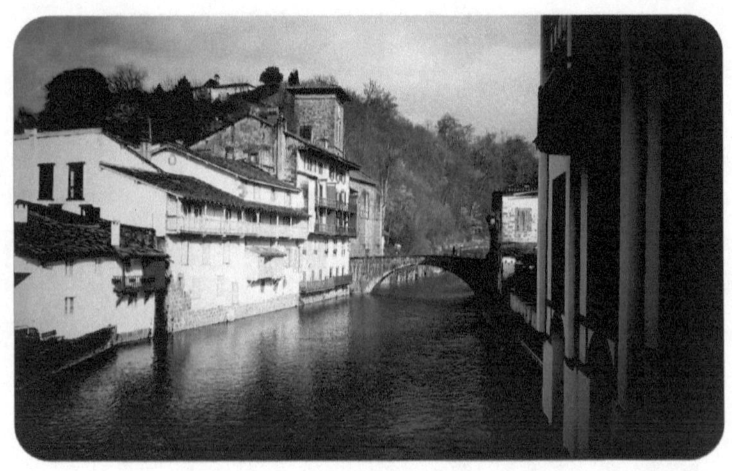

Para mi gran sorpresa, ya hay varios bastones de *trekking* Leki Retro dorados y negros en el depósito del albergue…

Esto no es nada práctico.

Tengo que marcar mis bastones de algún modo…

¿Necesitas quizás un rotulador Edding?

Uy.

¿Alguien puede leer la mente?

—He cogido demasiados y ahora los estoy separando —prosigue apresuradamente el peregrino.

Ah.

Todo pura casualidad.

Él no puede leer la mente.

—¿Te gusta la mezcla de frutos secos y pasas? He comprado provisiones para una semana, porque quería acampar en los Pirineos, pero para eso todavía hace demasiado frío…

Tiene esparcido el contenido de su mochila gigante sobre la cama, la cómoda y el suelo: alimentos, libros, una bolsa con pilas, una cámara digital grande, auriculares, un reproductor MP3…

—Por cierto, Norman. De Berlín.

Tiene unos 20 años pasados, trabajaba para Apple y un buen día ya no tenía ganas, vendió su coche, hizo las maletas y ahora está aquí. En una habitación de albergue con Steffi, un americano, que ya está durmiendo, y yo.

—¿O tal vez necesitas un libro de vocabulario de español? —rebusca entre su montaña de equipaje.

Lo rechazo dándole las gracias, pero le pido prestado el Edding y marco los bastones de *trekking*.

—¡Ah! ¡Qué buena idea! —piensa Steffi.

Ella alrededor de 50, se ha preparado a conciencia e incluso se ha entrenado con un ECG de Holter:

—El médico dice que todo está bien.

Steffi ríe.

—Por cierto las zapatillas también se tienen que marcar, alguien me lo recomendó…

Marcamos nuestro calzado.

Durante la cena, un grupo belga explica que esta semana varios peregrinos a pesar de todas las advertencias, han marchado por la cerrada Ruta de Napoleón:

—Algunos pudieron ser rescatados en helicóptero, pero un peregrino de Brasil perdió la vida.

No me puedo creer esto del todo y después de la cena me dirijo a la dueña del albergue:

—Eso no es cierto, ¿verdad?

—Pues sí, por desgracia sí lo es —confirma con tristeza—, la gente no nos escucha y luego se pierde entre la nieve y la niebla. Todos los años la misma historia…

Por esta razón la señora de la oficina de información nos miró fijamente a los ojos.

Con una sensación desagradable en el estómago, me acuesto a dormir.

2. Peregrinar

Tras un pequeño desayuno, ilusionados y emocionados, Steffi, Norman y yo partimos rumbo a Santiago…

Nieve y fango

En el puente de la Puerta de Santiago en St. Jean Pied de Port, nos ponemos sonrientes en fila y le pedimos a una peregrina desconocida, que nos haga una foto.

—¡Me ponéis de los nervios! —grita en inglés sin avisar—, ¿Queréis hacer esto durante los próximos 800 km? ¿Fotos constantemente?

Nos reímos pero no dejamos que estropee el momento:

—Para nosotros es la foto de salida —le aclaramos.

A disgusto, la peregrina gruñona coge mi *smartphone* y hace sin ganas una foto movida.

—Y ahora otra con mi cámara, ¿no?

Norman sonríe desafiante.

—¡Y otra con la mía! —pide Steffi.

La peregrina gruñona resopla enfadada y hace las fotos que le pedimos.

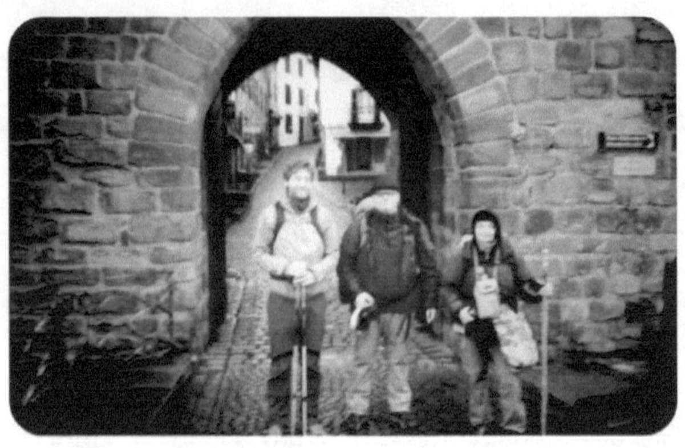

Mientras le damos las gracias entre risas, ella camina a paso ligero echando humo…

Hace frío –pocos grados por arriba del cero. No hay viento. En las montañas hay nieve, la niebla cuelga entre las cumbres y parece que traiga lluvia. Steffi lleva su poncho impermeable rojo.

Norman –casi sin aliento– ya hace los primeros planes, para mandar el equipaje a casa.

En Venta paramos en la fuente y llenamos por primera vez nuestras botellas. Me quito el pañuelo Buff y la chaqueta impermeable. Con el forro polar y la chaqueta cortavientos es más que suficiente.

Todavía no me acostumbro a andar con los bastones de *trekking*. No sé muy bien, qué ritmo debo seguir y las dragoneras me aprietan las muñecas de forma desagradable. Con guantes funciona un poco mejor.

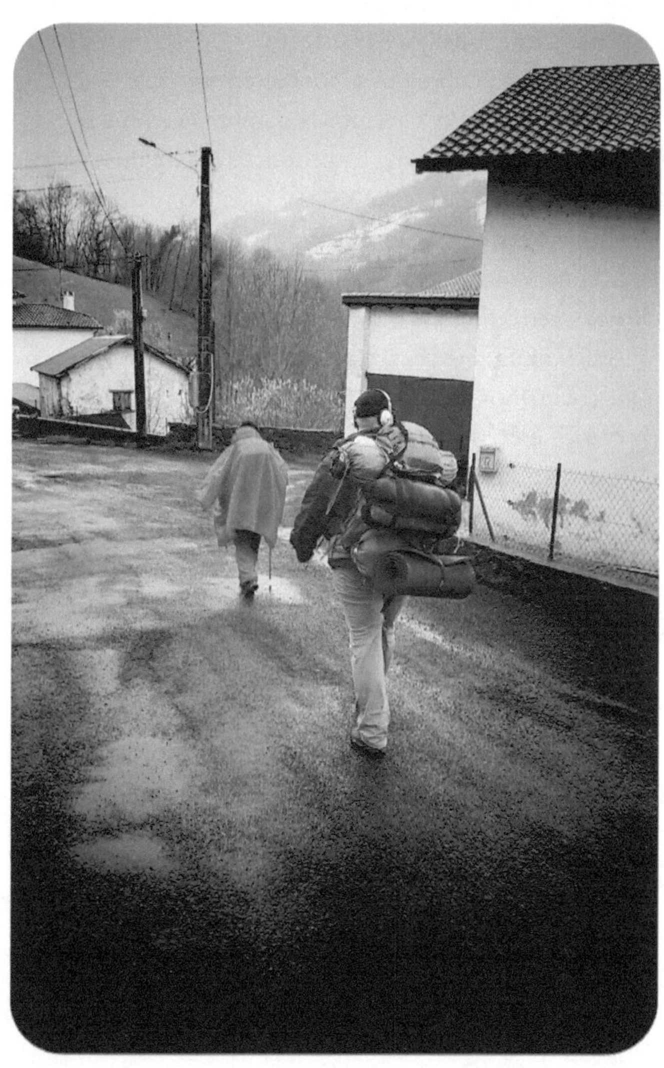

En Valcarlos, en el bar nos dan el código de acceso de la puerta del albergue con seguridad electrónica y elegimos las camas. El Albergue de Luzaide tiene dos dormitorios medianos con literas, taquillas, una cocina muy espaciosa y se puede lavar ropa gratis. Perfecto.

Norman descubre dos ampollas en sus pies.

Nos duchamos y hacemos la compra en común.

En el escaparate de la tienda hay extraños paquetes combinados: fardos gruesos de cajetillas de tabaco que tienen pegados una botella de alcohol de alta gradación.

«Fumar mata» dice en las cajetillas de tabaco. Sin darnos cuenta, hemos abandonado Francia. ¡Hola España!

Steffi pinta una acuarela de la iglesia, mientras Norman y yo cocinamos espagueti. Tenemos hambre canina y nos comemos entre los tres 700 g de pasta. Uau.

Por la noche se ha llenado el albergue: un vivo grupo de ingleses, una australiana, un peregrino de Canadá y algunos alemanes.

Los ronquidos de los ingleses en la noche, forman un coro tan ensordecedor, que Norman tiene que huir al dormitorio vecino dónde todavía hay camas libres. Ahí nadie ronca. Un pequeño milagro.

¡Mis tapones valen oro! Yo me quedo en el dormitorio de los ronquidos, duermo plácidamente hasta la mañana siguiente…

Después del desayuno, intento levantar la mochila gigante de Norman. El monstruo es ultra pesado. Peso estimado: 25 kg. Como mínimo.

El canadiense se ríe amigablemente y le gustaría poder levantar mi mochila una vez:

—¡Tengo pañuelos que pesan más!

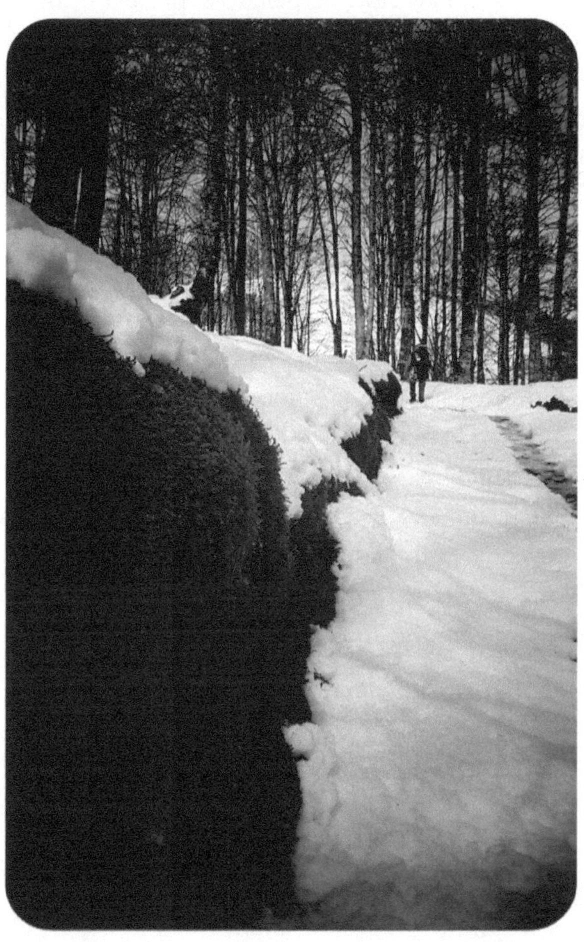

Por el camino, Steffi nos cuenta que no sólo ha trabajado de profesora de ruso y arte, sino también como guía excursionista. Nos explica que el agua que brota de las montañas por lo general está limpia y se puede beber.

Lleno mi botella al margen del sendero. Está buena.

Sin embargo no he tenido cuidado: mi pie derecho está mojado. Vaya, situación de peligro y posible causante de ampollas: caminar con pies mojados. Seguramente todo irá bien. Hoy el tiempo es soleado, cálido y no hace nada de viento. No obstante el camino con frecuencia tiene nieve, es fangoso, resbaladizo y escarpado.

Alrededor del mediodía, me pongo crema solar en la cara y las manos, y utilizo por primera vez el protector labial LSF 50. Pronto estaremos a 1.000 m de altitud. La cabeza rapada del canadiense y el rostro de Norman tienen un color rojo alarmante. Cuando les ofrezco la crema solar, sonriendo me hacen un gesto de negación con la mano.

Alcanzamos el monumento dedicado a Roldán, el punto más alto del Paso de Ibañeta. El viento sopla de repente, como si hubiesen activado el nivel 3 de la cámara de frío. Temperatura estimada: -1°. Nos abrigamos bien y disfrutamos con orgullo la fantástica vista.

Cansados, pero muy satisfechos llegamos al Monasterio de Roncesvalles. Norman se ha quemado y tiene una nueva ampolla. Mis pies están bien a pesar de la humedad y el color de mi cara también está bien.

Pequeña sorpresa: tenemos que dejar los zapatos en la estantería de una habitación dedicada exclusivamente a zapatos, situada en la entrada al Monasterio.

¡Qué bien que traigo las chanclas conmigo!

El canadiense, que se acerca a nosotros, tiene su cabeza roja y resplandeciente:

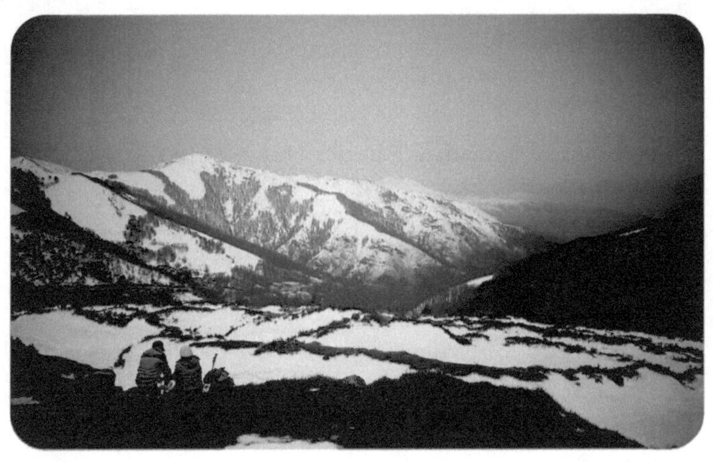

—Me late un poco la cabeza —añade sereno e indestructible. Como no tiene zapatos de recambio en el equipaje, tiene que andar por desgracia con los pies descalzos sobre el frío suelo de piedra:

—¡Esto no es nada práctico! Mañana voy a comprarme unas sandalias en cualquier sitio.

Los dormitorios del Monasterio son enormes, pero bien distribuidos, de manera que se dividen en pequeños espacios con dos litereras cada uno.

Por la tarde, en la capilla celebran una misa dónde recibimos la bendición del peregrino. El sacerdote lee las naciones representadas hoy en el Monasterio:

«Australia, Brasil, Canadá, Alemania, Inglaterra, Francia, Japón, Portugal, España, Corea del Sur…»

En mitad de la noche apenas puedo llegar al baño con un tremendo dolor en el muslo.

Uff.

Si esto sigue así, mañana no peregrino ni un metro.

¡Gracias, hospitaleros!

Temprano en la mañana nos despiertan cánticos.

¿Cánticos? ¿En vivo? ¿De verdad?

De verdad.

Los hospitaleros –ayudantes voluntarios, que se ocupan de los peregrinos– cantan con alegría tocando sus guitarras por el dormitorio como si se tratase de una procesión-despertador.

Qué bien.

Qué bonito. ¡Gracias, hospitaleros!

Fuera llueva a cántaros.

Uy.

Puaj.

Los peregrinos motivados se protegen contra el agua y se lanzan al torrente. Con sus coloridos impermeables, los surcoreanos parecen manchas de pintura vivientes.

Los peregrinos desmotivados se reúnen en el comedor y se toman un segundo café matutino.

—Nos vamos sólo cuando nos echen, ¿ok?

Norman y Steffi están de acuerdo.

Falta poco para las ocho.

Todos los peregrinos deben abandonar el Monasterio antes de las ocho:

—Ya son las ocho en punto —nos advierte un hospitalero con un tono amable y dándonos ánimo.

Nos ponemos los zapatos lentamente.

Poco después de las ocho, abandonamos el Monasterio riendo entre dientes: de hecho justo ha dejado de llover.

Al borde de la carretera yace una señal de precaución con los peregrinos. Alguien la ha atropellado.

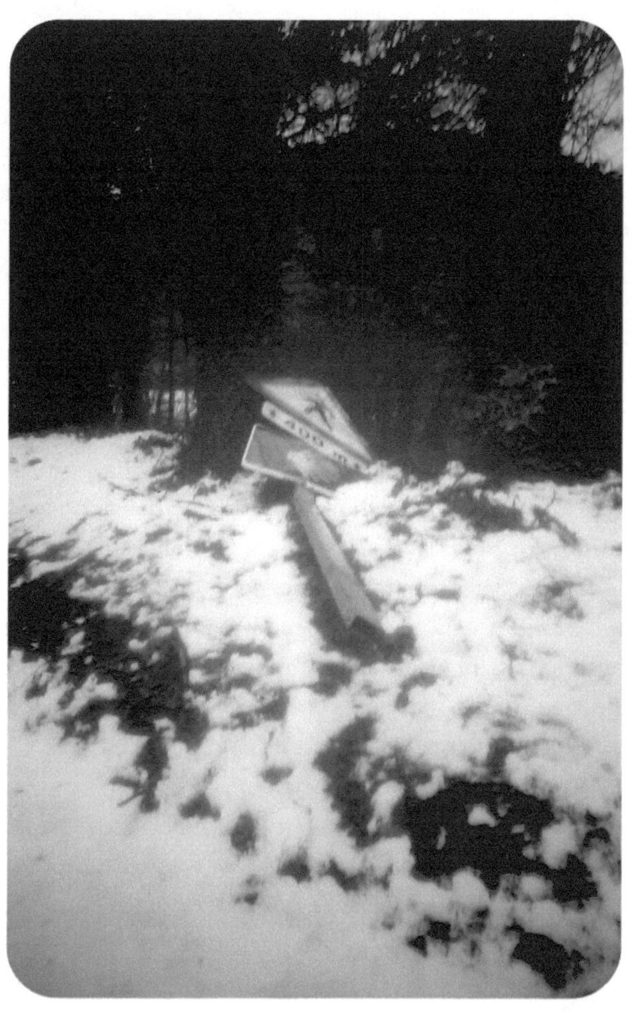

Todavía me duelen los muslos, aunque después de varios kilómetros el dolor desparece.

Por el contrario el dolor de Norman en los pies va en aumento. Seguimos peregrinando, dejamos al fin la nieve tras nosotros y llegamos al pequeño pueblo de Bizkarreta.

Norman ya tiene bastante por hoy. Él se queda aquí. Nos despedimos con cariño:

—¡Buen Camino!

Steffi y yo seguimos adelante hasta Zubiri. Algunos tramos del camino son todavía más fangosos que el día anterior. Quito los tacos para asfalto de los bastones de *trekking* y nos adentramos en el paisaje fangoso. Casi al final de la etapa hay mucha pendiente cuesta abajo. Puedo sentir mi rodilla derecha, estoy contento de tener dos bastones.

En Zubiri, una malhumorada señora del albergue cobra 8 euros por persona, sella nuestra Credencial y nos muestra la puerta del dormitorio: alrededor de 20 literas pegadas una junto a otra. Ninguna manta. Duchas y baños están enfrente, al final del patio, atravesando el viento helado. Acogedor sería más bien otra cosa.

Steffi tiene una ampolla nueva.

Tengo un nuevo descubrimiento:

Cuando el *smartphone* está dentro de la bolsa impermeable Loksak, ya no hace las fotos bien. La foto de la señal por la mañana se ve borrosa.

En mitad de la noche alguien se ha dejado la puerta abierta. El viento frío sopla con fuerza por el dormitorio. Brrr. Afuera hay unos cinco grados, y aquí adentro también. Congelado me pongo el forro polar, una segunda camiseta, la chaqueta cortavientos, los guantes y cierro la puerta.

Menú del peregrino en Pamplona

Con un dolor leve en la rodilla derecha, me dirijo a Pamplona en buena compañía. Al igual que el dolor de los muslos, las molestias en la rodilla desaparecen tras varios kilómetros. La primera vez que camino en pantalón corto. El tiempo es agradable. Llueve de vez en cuando.

Con los pies rendidos, alcanzamos nuestro objetivo, dejamos el equipaje en el albergue Casa Paderborn, nos duchamos y vamos a comer juntos un menú del peregrino a un restaurante que nos han recomendado en el albergue.

Menús del peregrino hay por unos 10 euros a lo largo del Camino de Santiago: cuentan con un primero, un primer plato, seguido por un segundo plato, que aquí también se llama segundo.

El hambriento peregrino por lo general de primero puede elegir entre ensalada, sopa, pasta, etc. De segundo hay platos de pescado y carne o bien otras variaciones de pasta. Incluye tanta agua y vino como uno quiera y para terminar un pequeño postre.

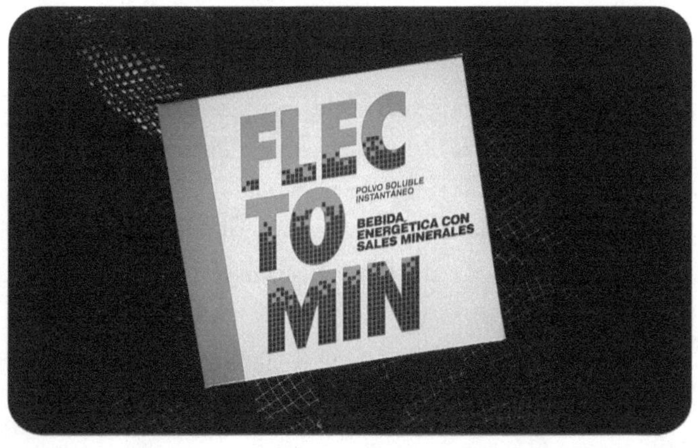

Caminamos un poco por el centro de la ciudad.

En una farmacia me compro un sobre de Flectomin en polvo para mezclar con la bebida, de manera que se recarguen nuevamente los depósitos de electrolitos del cuerpo. Mezclar un sobrecito en medio litro de agua. Remover. Listo. Muy recomendable.

De regreso en el albergue, me doy cuenta de que me he olvidado en algún lugar la braga de cuello Buff.

Oh.

Bueno, mirándolo bien, en los últimos días este pañuelo me picaba mucho y no fue tan útil como esperaba. Si necesito otra vez abrigarme rápidamente el cuello o la cabeza, puedo utilizar también como sustituto una toalla o la segunda camiseta. Es curioso que no se me haya ocurrido esto cuando hacía el equipaje…

Nos alojan en una habitación para seis, dividida para hombres y mujeres. Un agradable contraste comparado con el dormitorio para 40 personas de la noche anterior.

Un enchufe múltiple al lado de mi cama parece muy seductor. Mientras duermo, se recarga la batería del *smartphone*. En España sirven los enchufes alemanes. No hace falta ningún adaptador.

Por la mañana, los serviciales hospitaleros –dos señoras muy comprometidas de Alemania– sirven un desayuno delicioso con café y zumo de naranja.

Hoy el camino nos conduce a un largo ascenso, un terreno escarpado y un largo descenso. Un peregrino me aconseja atarme más fuerte los cordones, así el pie no se mueve tanto hacia delante en el descenso. Buen consejo.

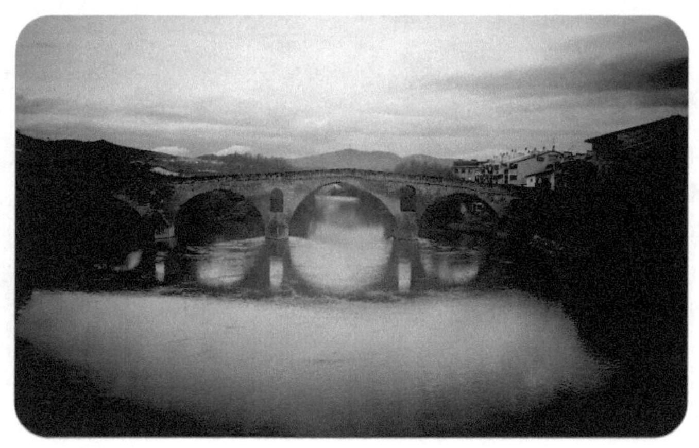

Justo a la hora de la cenar alcanzamos el lugar Puente la Reina.

Al día siguiente seguimos hacia Estella.

Hoy es un día muy soleado. Demasiado calor para mí.

En un puente Steffi me corta el pelo.

Los peregrinos que pasan por aquí se burlan:

—¿Eres peluquera?

—¡No, profesora de arte! —responde Steffi.

El Camino ahora se muestra hermoso a través del paisaje de las colinas.

Respiro hondo.

Con menos pelo me siento más ligero y a gusto.

En los últimos kilómetros el tiempo cambia repentinamente: llueve de pronto en forma de tormenta y hace frío. Por primera vez mi pantalón impermeable demostrará de lo que es capaz. Estoy muy satisfecho con su trabajo: mis piernas están secas y calientes.

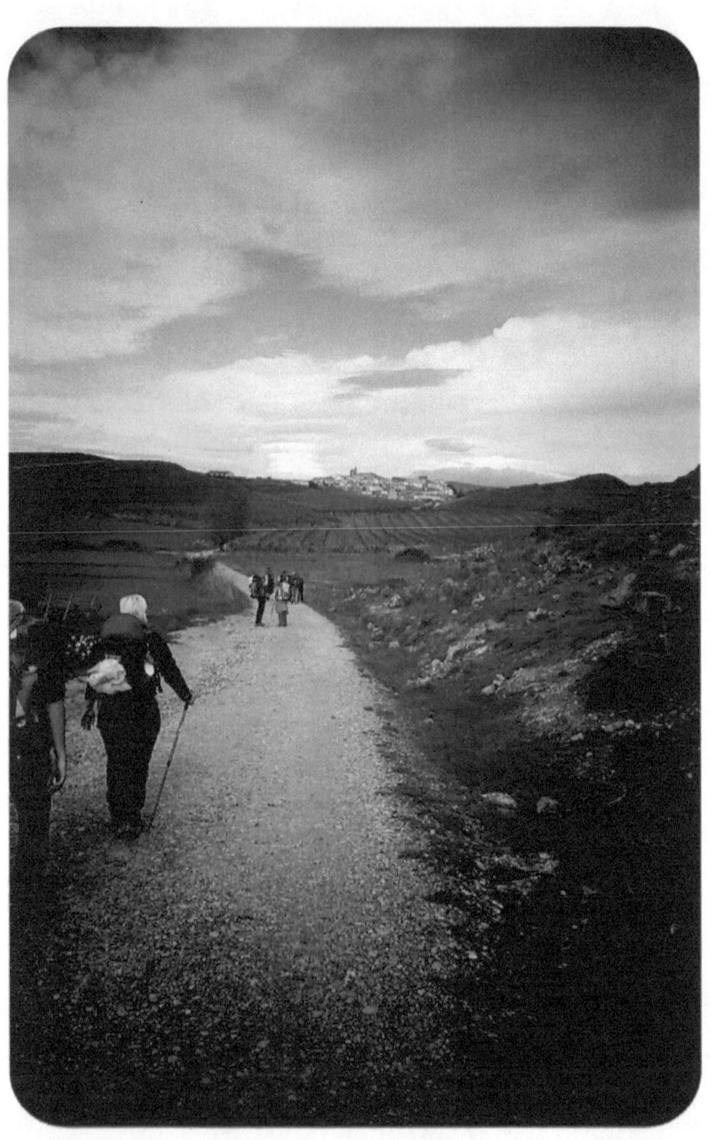

En Estella estoy tan cansado y exhausto, que cuando voy a acostarme me confundo de piso en el albergue.

Estoy en el dormitorio equivocado, estoy totalmente desorientado y al cabo de un buen rato, me doy cuenta que un extraño está acostado en mi cama.

Me río del jaleo que he montado yo solo y poco después caigo en un profundo sueño en la cama correcta con los oídos bien taponados.

Los primeros 100 km del Camino yacen tras nosotros.

Fuentes, conchas y flechas

En el Camino de Santiago hay tantas fuentes como peces en el mar. Casi cada dos kilómetros. Como muy lejos en el siguiente pueblo. Aunque cada vez hace más calor, yo tengo suficiente con mi botella de 0,5 litros. Casi siempre está vacía y la utilizo más como vaso, porque la siguiente fuente llega antes de que yo me pueda beber toda el agua.

Tarde en la mañana nos espera un pequeño momento estelar en una fuente: en vez de agua normal, este ejemplar de lujo nos brinda vino tinto gratis…

Mientras tanto mi cuerpo se ha ido acostumbrando a las caminatas diarias: los muslos ya no me duelen por la noche, la rodilla está bien y hasta las muñecas han hecho las paces con las dragoneras de los bastones de *trekking*.

La distribución de mi equipo se ha optimizado en los últimos días casi por sí sola: la chaqueta y pantalón impermeables están en el fondo de la mochila, por debajo de la bolsa estanca. Allí están más a mano.

Mi forro polar se ha convertido en un depósito de objetos de valor, que por las noches me hace compañía en el saco de dormir: en el bolsillo de cremallera izquierdo se encuentra el cinturón con dinero, el iPod y auriculares en su bolsa Loksak, así como la cajita con los tapones. En el bolsillo derecho guardo la segunda bolsita Loksak con el *smartphone* y la Loksak grande con la Credencial del Peregrino, documento de identidad y tarjetas bancarias.

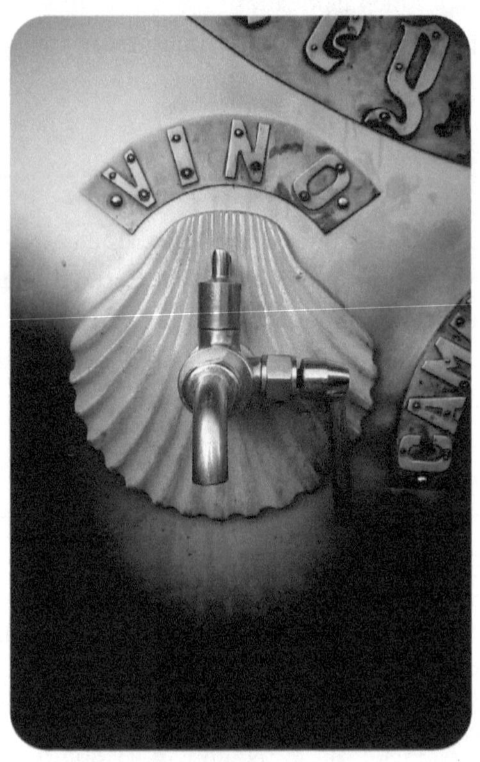

Por el día, el *smartphone* está casi siempre al alcance de la mano en el bolsillo exterior izquierdo de la mochila, junto con los guantes y la chaqueta cortavientos. La botella de agua comparte el bolsillo exterior derecho con el asiento aislante, y a veces con los tacos para asfalto.

Durante el peregrinaje el cinturón monedero viaja en el

compartimento superior de la mochila, así lo tengo más a mano cuando quiero pagar. Por el día, las chanclas se almacenan entre la bolsa estanca y el acolchado.

Mientras por las mañanas muchos peregrinos todavía medio dormidos, están ocupados enrollando sus sacos cuidadosamente y metiéndolos con mucho esfuerzo en pequeñas fundas, yo en menos de un minuto lo tengo todo listo: mi saco cabe de sobra en la bolsa estanca, arriba la toalla y la muda de ropa que se ha estado secando o aireando por la noche encima de la cama. Arriba del todo la bolsa de aseo. Chanclas detrás. Listo

Camino en pantalón largo, con forro polar, chaqueta cortavientos y guantes, porque por la mañana tengo mucho frío. Tras unos cuántos kilómetros, guardo estas prendas de ropa en la mochila, me pongo protector solar y sigo caminando en pantalón corto y camiseta.

El Camino se Santiago hasta ahora está perfectamente señalizado con señales, conchas, flechas amarillas y otras señalizaciones de caminos. A veces duplicadas y triplicadas.

Si esto sigue así, de aquí en adelante no se necesitarán ni guías ni mapas de senderismo, ni tampoco ningún dispositivo GPS para llegar por el camino correcto sano y salvo a Santiago…

El calor me plantea cada vez más dificultades: hay 30 grados al sol. Aunque la piel no me queme –el cerebro se cuece a altas temperaturas en mi interior de forma desagradable.

Por necesidad, me ato el asiento aislante a la cabeza con las mangas de la chaqueta como protector solar.

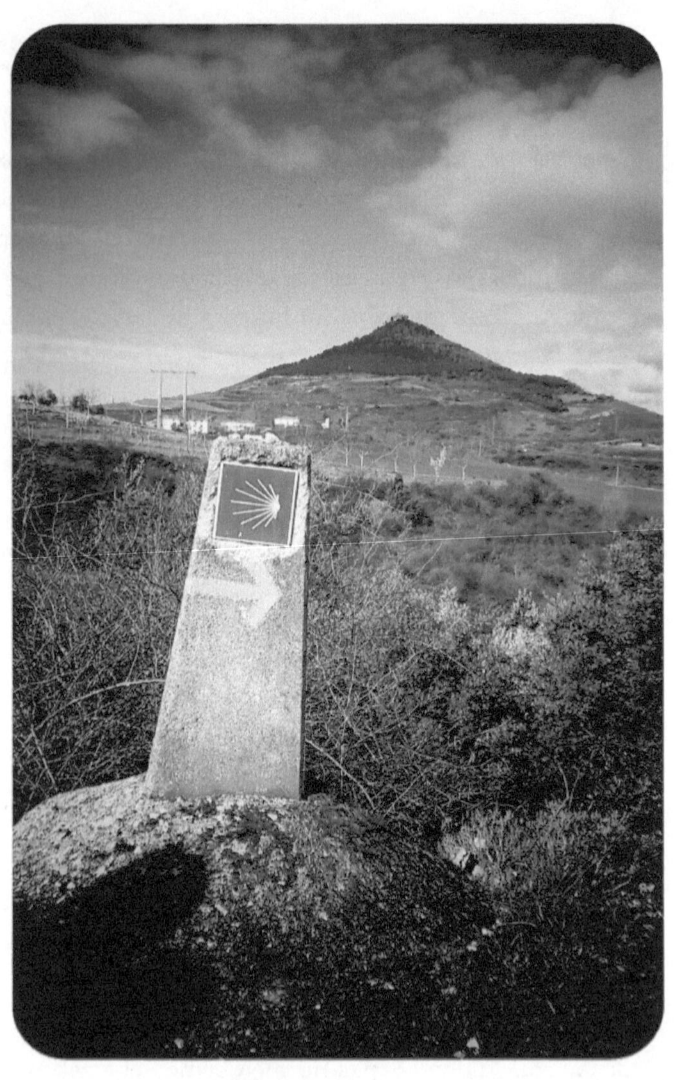

Esto no se ve nada glamuroso, pero todavía es peor que no se aguante bien. Necesito una sujeción que pueda resistir el viento…

Durante el otro peregrinaje el sol todavía nos lastima más: el Camino transcurre cada día tendencialmente en dirección oeste, además el sol nos quema por la mañana la nuca y posteriormente toda la parte izquierda del cuerpo intensamente. Por la tarde ya no tiene fuerzas suficientes para asarnos de frente.

Así que las típicas quemaduras del peregrino se extienden como una epidemia: nuca, brazo izquierdo y el lado sureste de la pantorrilla están al rojo vivo.

Los peregrinos que llevan una mochila grande tienen una pequeña ventaja, pues cuentan con una protección natural de la nuca. Mi mochila huckePäckchen no puede jugar en esta liga. Necesito otra solución.

Por la noche, en Torres del Rio parece que no estoy en condiciones de utilizar la ducha:

Giro a la derecha.

No pasa nada.

Giro a la izquierda.

No pasa nada.

Tiene que estar roto. Entro en otra ducha.

Aquí han puesto una pegatina:

«Push!»

Pues vaya.

El sol me ha derretido el cerebro.

Días después el sol quería cocinarme de nuevo, así que me compro un arsenal de crema solar, me ato el asiento aislante a la cabeza y alcanzo Logroño ileso.

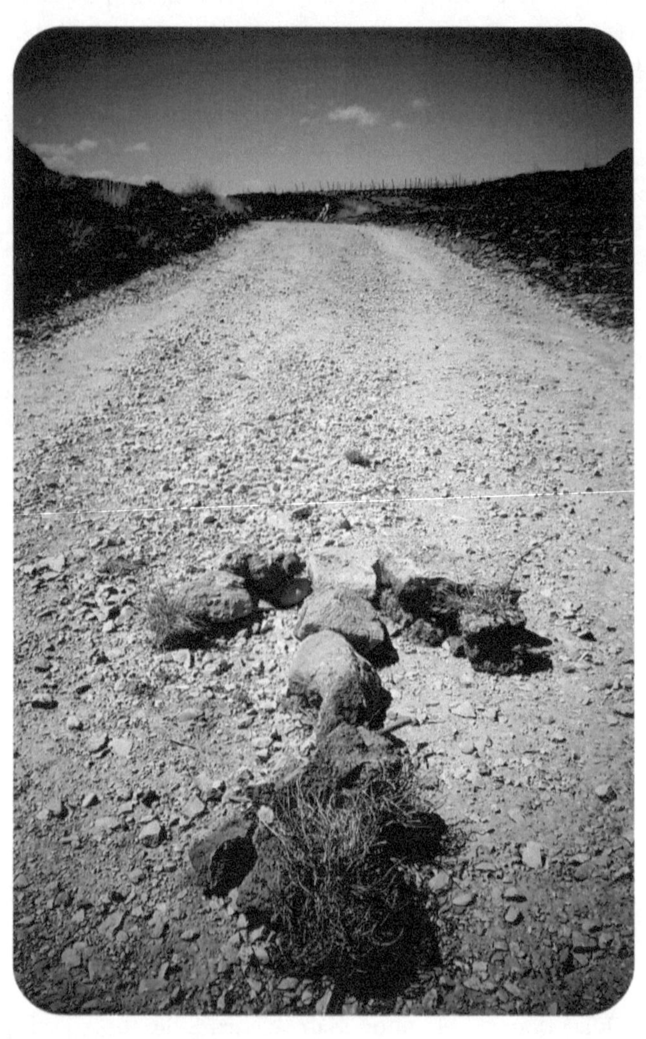

El domingo temprano por la mañana partimos en dirección a Nájera. Mientras buscamos un bar, en la calle los últimos fiesteros nos dedican un brindis riéndose.

A Steffi le gusta mucho el café solo suave, y este tipo aquí en España lo llaman café americano. A mí me encanta el café mezclado con un poco de leche, y aquí se llama café con leche. Además están los bocadillos –baguettes rellenas.

Chrisi, una peregrina que desde Roncesvalles me encuentro una y otra vez, hoy sigue un ritmo como el mío:

—¿Entiendes cuál es el camino que deberíamos seguir?

Yo encojo los hombros.

—No.

Estamos en una bifurcación. La flecha amarilla al margen del camino señala en la misma dirección a la que conducen las dos pistas de tierra más o menos.

Otro peregrino se detiene junto a nosotros:

—Yo tomo el desvío izquierdo y vosotros vais por el derecho —propone—, en cuanto veamos cuál es el camino correcto, nos hacemos una señal.

Dicho y hecho.

Poco antes de que el otro peregrino desaparezca tras la primera curva, nos grita y no saluda con gestos de excitación. Ha descubierto la siguiente señal. Su camino es el Camino. Chrisi y yo damos la vuelta y regresamos.

Para que los otros peregrinos lo tengan más fácil, hacemos una flecha con grandes piedras en la bifurcación.

Más tarde en el día nos encontramos con una pareja agradable de australianos en edad de jubilación:

—En un día tan bonito me siento como si tuviera 68,5, aunque bueno tengo casi 70… —sonríe guiñando un ojo.

—Mi marido estaba en el Ejército y entonces hacía mucho senderismo, pero tenemos un trato, yo voy delante y marco el ritmo…

—Funciona casi siempre.

Él se rasca la barba, y le divierte muchísimo mi protección solar, que he improvisado con el asiento aislante, la chaqueta cortavientos y las pinzas de ropa.

Yo admiro la cuerda de tender que se ha construido, dónde se están secando las zapatillas y los calcetines.

—Ay —dice haciendo un gesto de negación.

—En casa sellé nuestras zapatillas con una solución especial, de manera que si llueve no nos mojamos los pies —explica—, pero ahora hace tanto calor que los calcetines están siempre empapados en sudor.

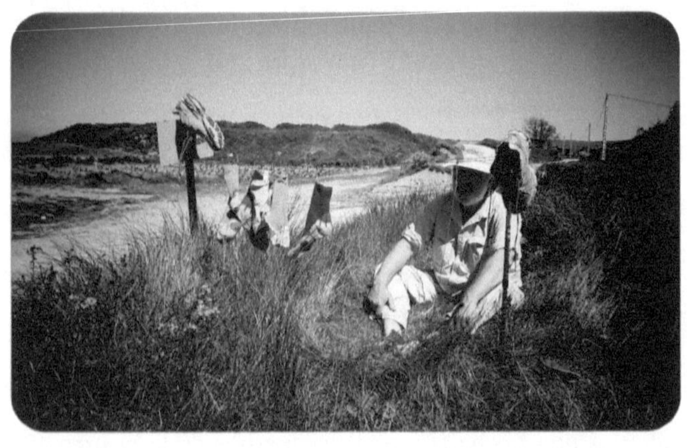

Continuamos y llegamos a Nájera por la noche. ¡Olé! Hemos hecho 200 km. El albergue Alberone recomendado en la guía de viaje ya no existe, pero nos hospedamos en otro albergue. Ronda de chistes:

—Chuck Norris no lee –los libros le dicen voluntariamente lo que quiere saber.

Caminatas nocturnas por la Meseta.

Hoy es un día diferente: mis piernas están en forma, mis pies quieren andar. Al parecer mi cuerpo se ha adaptado a las caminatas diarias. El Camino y yo somos amigos:

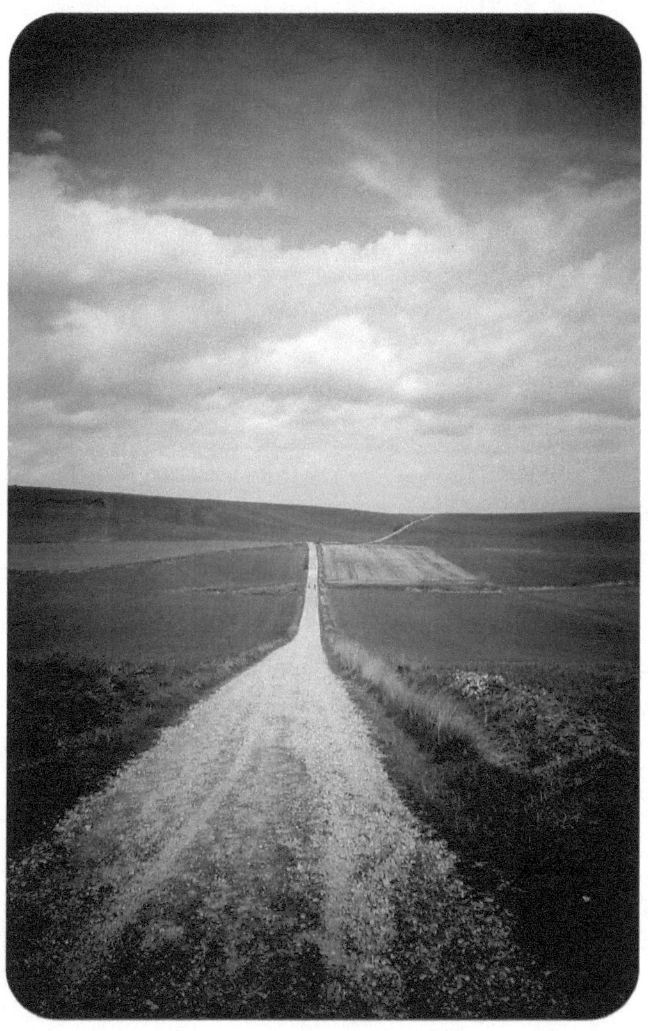

Tarde en la mañana, bajo la radiante luz del sol alcanzo Santo Domingo de la Calzada y visito su famosa catedral, la cual alberga un gallo y una gallina en memoria de un milagro.

«¡Quiquiriquí!», anuncia orgulloso el gallo.

Un sonido poco habitual en una iglesia.

Mis pies quieren continuar.

Contra el calor del mediodía me protege el asiento aislante, que da muy buen resultado como parasol.

Bocadillo en Grañón.

Al llegar a Villambistia, un pueblo pequeño después de Belorado, mis piernas han tenido bastante por hoy.

51 kilómetros.

Ellas sonríen con satisfacción.

Durante la cena en el pequeño albergue del pueblo, estoy rodeado de caras nuevas:

—Mira, aquí se juntan las piezas —nos explica un peregrino del estado norteamericano de Wisconsin.

Él mismo ha construido un bastón de senderismo desmontable de bambú.

—Éste lo he tallado personalmente a partir de la rama de un árbol de mi jardín —el peregrino holandés nos presenta orgulloso su poderoso bastón de madera.

—He viajado hasta aquí en tren a propósito para poder traerlo conmigo.

Mi linterna frontal quiere que la utilicen, y por eso parto temprano a las 6:35 h, poco antes del alba. Bajo la dispersa luz blanca del LED principal puedo distinguir bien el camino.

En Villafranca Montes de Oca me tomo un café con leche, luego seguiré por los Montes de Oca. Durante el escarpado ascenso en dirección a Burgos, ajusto la longitud de los bastones de *trekking* a 1,35 m y los dejo así. Los primeros días me parecían más cómodos a 1,25 m.

Casi me pierdo. El Camino de Santiago es como la búsqueda del tesoro, hay que estar atento: ¿dónde está la siguiente flecha amarilla? ¿Dónde está la siguiente concha?

En Burgos todas las fuentes están rotas.

¿Y eso por qué?

Un hombre mayor señala riéndose al suelo situado junto a mí. Ahí hay un punto negro de plástico.

Lo piso con el pie.

En Burgos al parecer todas las fuentes están bien, sólo que funcionan de una forma poco habitual.

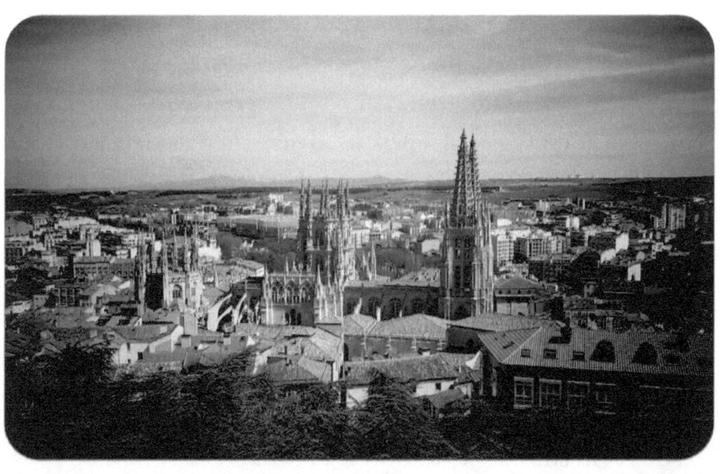

Al caer la noche, mis piernas quieren seguir, la linterna frontal salta emocionada de arriba a abajo y el arcángel

Miguel asiente cordialmente con su enorme espada flamígera.

El parte meteorológico sigue siendo OK.

En un hotel me sellan la Credencial del Peregrino y parto entusiasmado en esta noche clara hacia la Meseta, un altiplano que empieza detrás de Burgos.

Peregrinar por la noche es bastante estresante y no merece tanto la pena como esperaba: la búsqueda de la siguiente flecha se presenta complicada y del paisaje no puede distinguirse nada. De vez en cuando se escucha el croar de un par de ranas. El camino se alarga. En algún momento estaré muy muy cansado.

Al amanecer busco un bar en Castrojeriz. Quiero desayunar, pero los bares todavía están cerrados. Un peregrino me regala un plátano y un par de mini *cupcakes*, los pájaros empiezan a cantar. Continuo caminando, me tomo mi café matutino en Itero de la Vega.

—En este tramo en especial aparecen con frecuencia muchas ampollas en los pies —advierte la guía de viajes.

El final perfecto para esta etapa.

Si consigo para entonces no tener ninguna ampolla, ¡mi equipo habrá superado totalmente el test de resistencia!

—Un peregrino danés traía consigo un elegante traje, porque en Dinamarca sólo se puede entrar al restaurante en traje —me cuenta un peregrino—, le costó mucho dinero enviarlo de regreso a casa por correo.

Camino de Santiago en esmoquin.

Ella es técnico informático y camina con unas cómodas zapatillas blancas de deporte.

—Esto es mucho mejor que las incómodas botas de senderismo. Además ya tenía demasiado equipaje —prosigue—, algunas cosas hasta las he tirado. Se debería crear un producto cruzado: impermeable más jersey es lo mismo por ejemplo que una chaqueta cortavientos.

En Boadilla del Camino me tomo una San Miguel y por hoy he terminado. Casi 30 horas estuve caminando. 106 km.

El arcángel Miguel enfunda su espada flamígera y me desea un apacible sueño.

Mientras mi cuerpo descansa, la colada se seca balanceándose delicadamente en el patio. Recién duchado y ya entrada la tarde, disfruto del sol con ropa limpia perfumada.

La dueña del albergue utilizó su propio detergente. Y para no sentir que había traído el detergente en vano, lavo a mano la ropa que llevaba puesta mientras la colada estaba dentro de la lavadora.

El equipo ha superado el test de resistencia.

Con valentía.

—Tengo un weblogo, ¡ahí cabe todo! —cuenta un peregrino holandés, pasados los 60, brillando de alegría durante la cena.

¿Un weblogo?

Ah, ¡un weblog! Lo escuché mal.

Muchos peregrinos escriben en blogs.

En casi todos los albergues hay WiFi gratis.

Cigüeñas y arte callejero

La mañana siguiente comienza de forma mágica: las cigüeñas rodean con gracia la torre de la iglesia junto al albergue, el cielo muestra un color azul degradado:

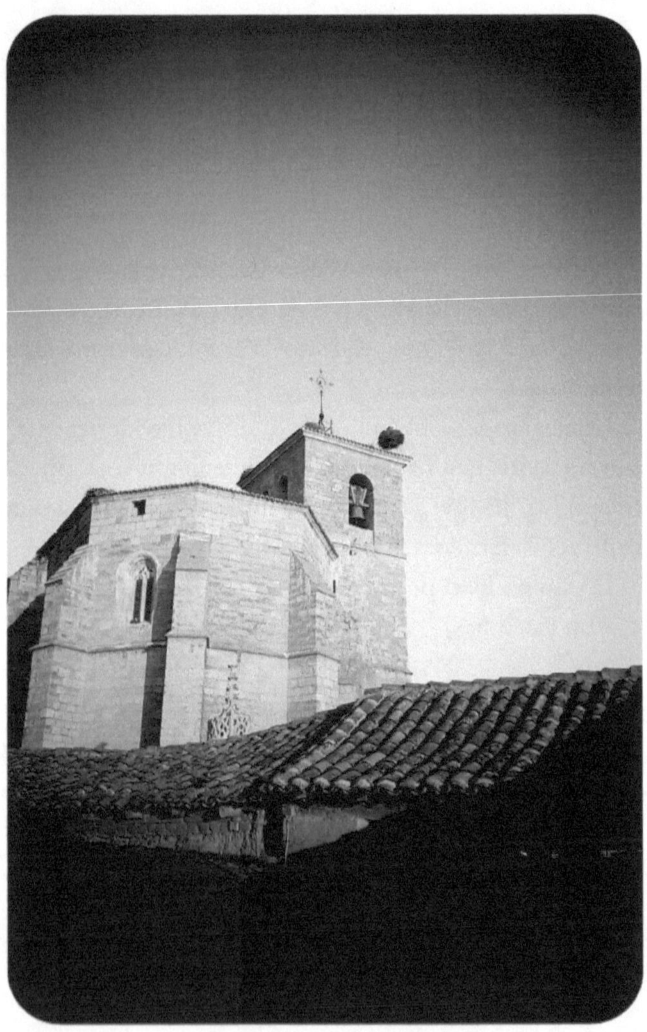

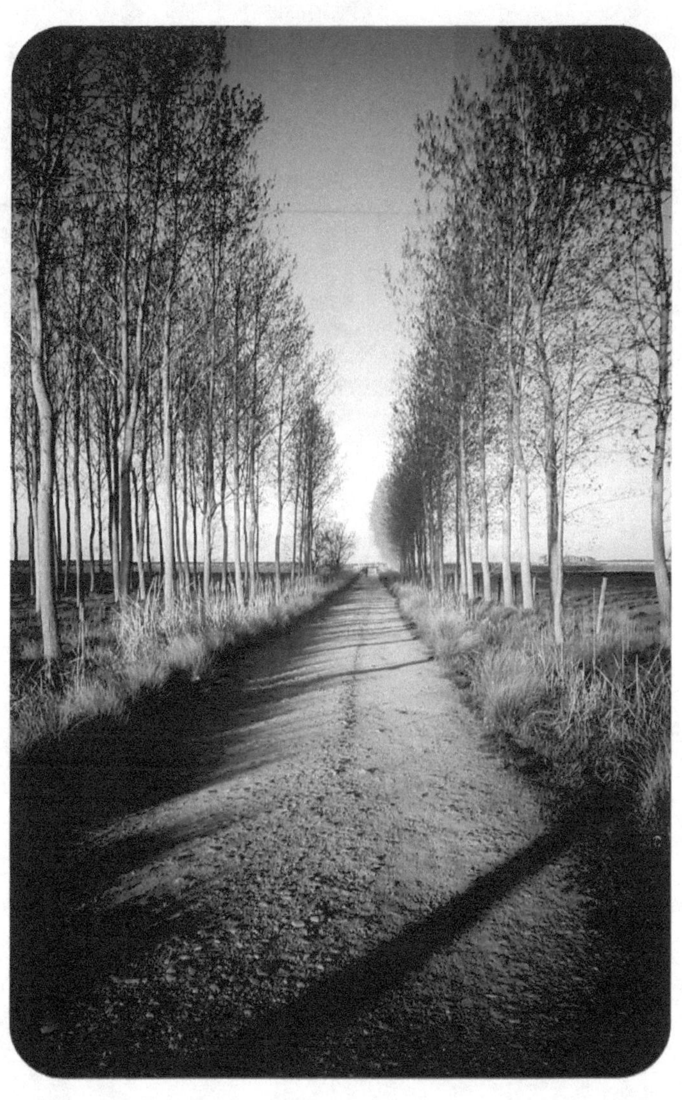

Hoy mis piernas andan solas. Disfruto la soledad y la calma. ¿Por qué los guantes se llamarán así? Podrían llamarse "cubremanos" o "calientamanos".

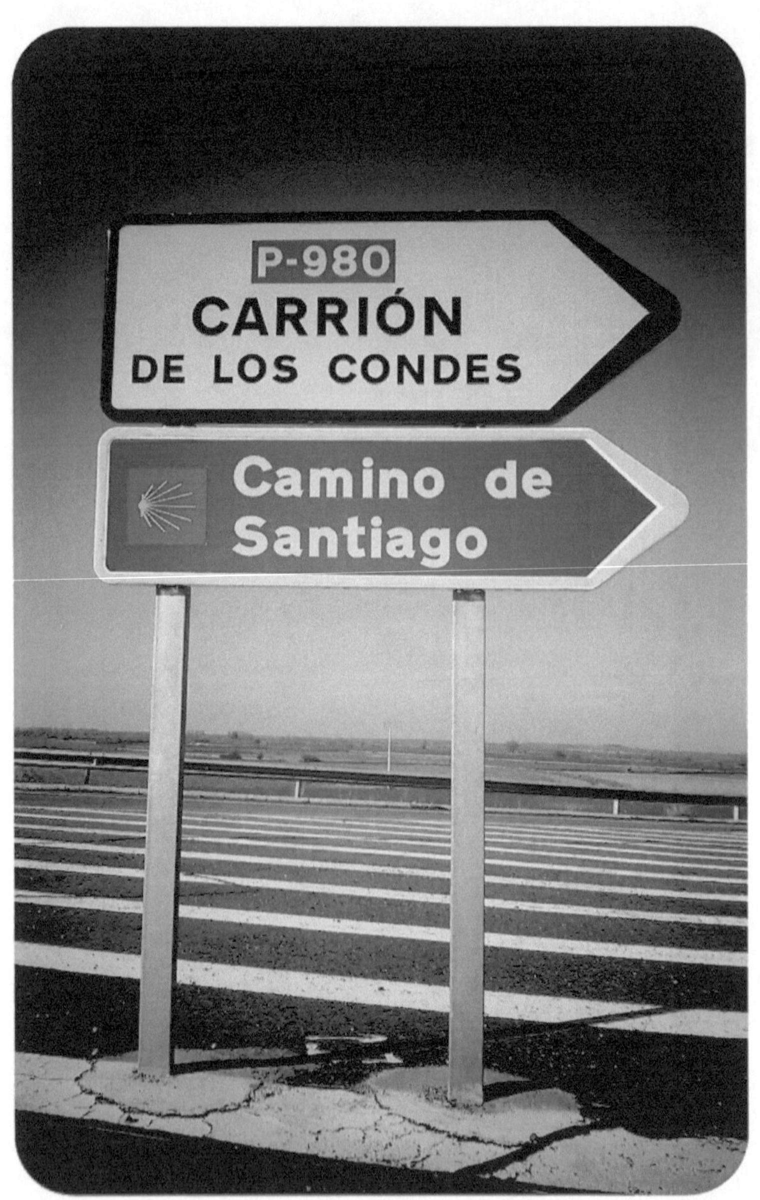
P-980
CARRIÓN
DE LOS CONDES
Camino de
Santiago

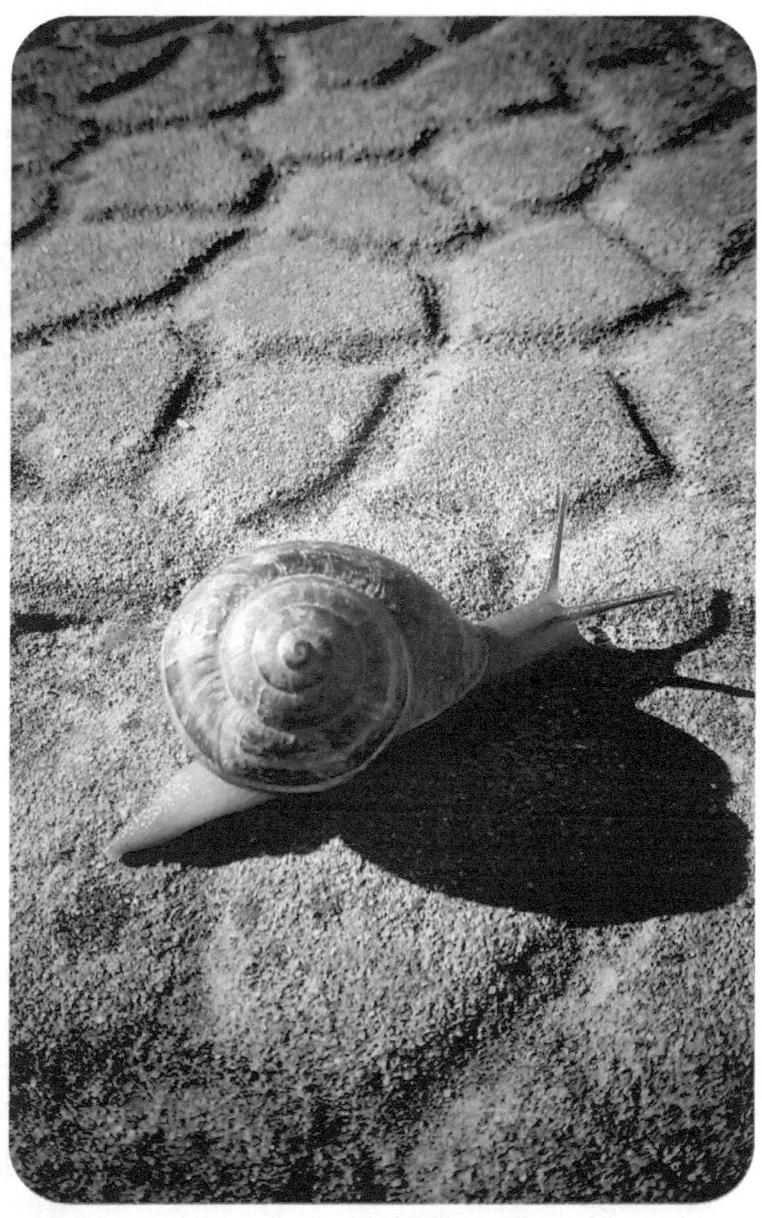

Un compañero inseparable del Camino de Santiago – junto a las conchas y las flechas amarilla– son los mensajes que los peregrinos dejan a su paso en las señales de tráfico:

«Don't STOP walking!» dice una señal de stop.

Una señal de prohibido adelantar se ríe alegremente.

«¡Pregunta! ¿Cuál es el contrario de gris?» leo en una señal que indica los kilómetros.

Depende del gris.

El gris del amanecer se compara con el gris del atardecer y es justo lo opuesto: el gris de la tarde llega, crece y se convierte en noche, el gris de la mañana se va, disminuye y desaparece…

—¡Buen Camino! —gruñe el vendedor.

Está sentado en el arcén junto a su furgoneta que tiene un lateral desplegable, con la esperanza de vender helados, bebidas, snacks o chocolatinas a los sedientos y hambrientos peregrinos.

Sólo que ahí no hay ningún peregrino.

Estoy en el tramo del kilómetro 12 en línea recta a través de la Meseta detrás de Carrión de los Condes.

A parte de mí no se ve a nadie en millas a la redonda.

Después de estar caminando casi una hora, él me adelanta con su vehículo tambaleante.

Se da por vencido.

Los comerciantes ingeniosos con menos puestos de venta móviles, pintan varias flechas amarillas extra y cambian el Camino promocionando su negocio de tal forma que la marea de peregrinos pase por su propio bar:

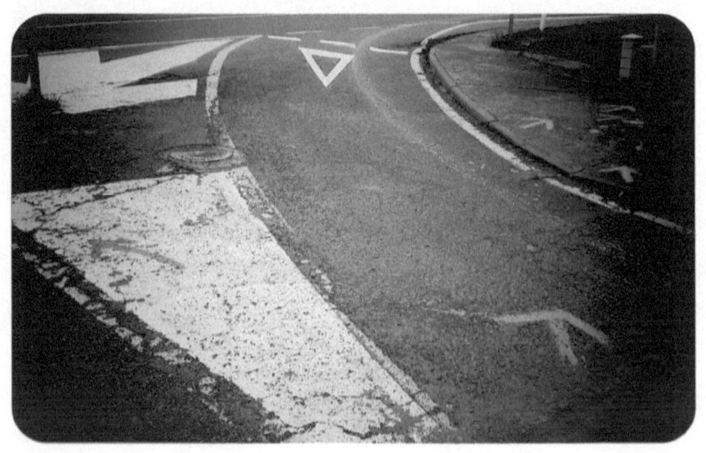

Como por la noche hace frío, me hospedo en Ledigos. Las tijeras para barba y el cortaúñas se han oxidado en la bolsa de aseo. Enseguida se mudan a la seca bolsa de tecnología.

En la mañana sopla un viento helado por el paisaje. Congelado a los cien metros, me pongo el pantalón y chaqueta impermeables como protección contra el viento, protejo mi rostro hasta la nariz con el asiento aislante.

Los cierres de velcro a la altura de las piernas del pantalón impermeable, a menudo se cierran de golpe y a veces no puedo ni siquiera subirme el pantalón. En la pausa del mediodía corto las solapas de velcro.

Así está mucho mejor.

Me acompaña un simpático alemán de Renania:

—Ya recorrí el Camino una vez hace 8 años —dice—, desde entonces todo está mucho mejor: hay mejores señalizaciones, mejores albergues…

Por aquel entonces, conoció a un holandés con quien viajaba de nuevo esta vez.

—Por desgracia tiene la rodilla dañada y ha tenido que abandonar prematuramente. ¡Qué pena!

Cada vez más en los últimos días sobresalen de las papeleras los restos de los bastones de *trekking* rotos.

Y hoy también.

Disfruto con la calidad robusta de mis Lekis y paso la noche en Sahagún.

—Ya he enviado cosas a casa por 75 euros —afirma un peregrino de San Francisco durante la cena—. Mis botas de *trekking* demasiado pesadas, mi localizador GPS con pantalla extra, el cargador solar…

Suelta un risita y toma un trago de vino.

Bajo cero y fatiga del material

Temperatura inicial por la mañana: -1 °C. Con experiencia me pongo toda la ropa que tengo a mi disposición.

Mientras tanto se ha desarrollado un tipo de ritmo diario: levantarse por la mañana, peregrinar un par de kilómetros, después tomar un café con leche en un barecito y desayunar un poco. Al mediodía al margen del Camino hay bocadillos o tortilla. Por la noche toca elegir albergue, una ducha, menú del peregrino y a dormir.

Al parecer pierdo peso: cada día tengo que ajustar el cinturón de cadera de la mochila. Un calcetín Icebreaker tiene un agujero enorme en el talón.

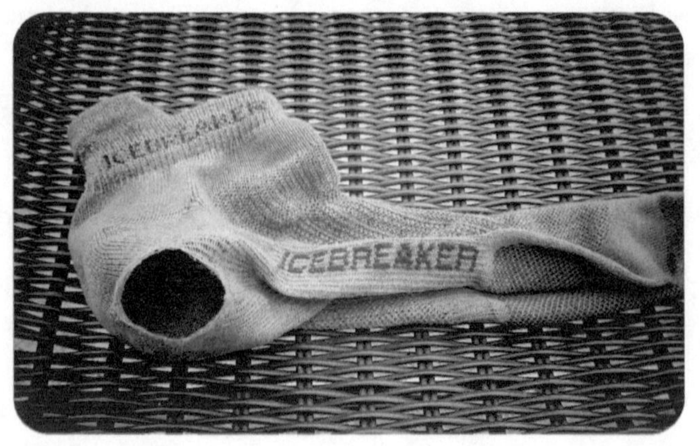

Pausa al mediodía en un bar en El Burgo. En la mesa de al lado, una peregrina alemana levanta su pierna:

—Tengo molestias en la rodilla derecha y el pie izquierdo —explica—. En Pamplona he tirado mis cosas de invierno y he enviado por 63 euros el equipo a casa. Por error también he mandado el cable del cargador el móvil.

Alojamiento en Puente Villarente. Rima.

Como repuesto del calcetín gris agujereado, a partir de hoy llevo un calcetín Icebreaker blanco en el pie derecho debajo del otro calcetín gris, que todavía está intacto.

En León un peregrino explica cómo le salió un sabañón morado en el dedo angular:

—Uff, en mi caso nevaba mucho al principio en los Pirineos y no tenía guantes…

Levanta las manos sin saber qué hacer.

—De algún modo mis dedos se enfriaron demasiado y desde entonces esto de aquí no se ha ido.

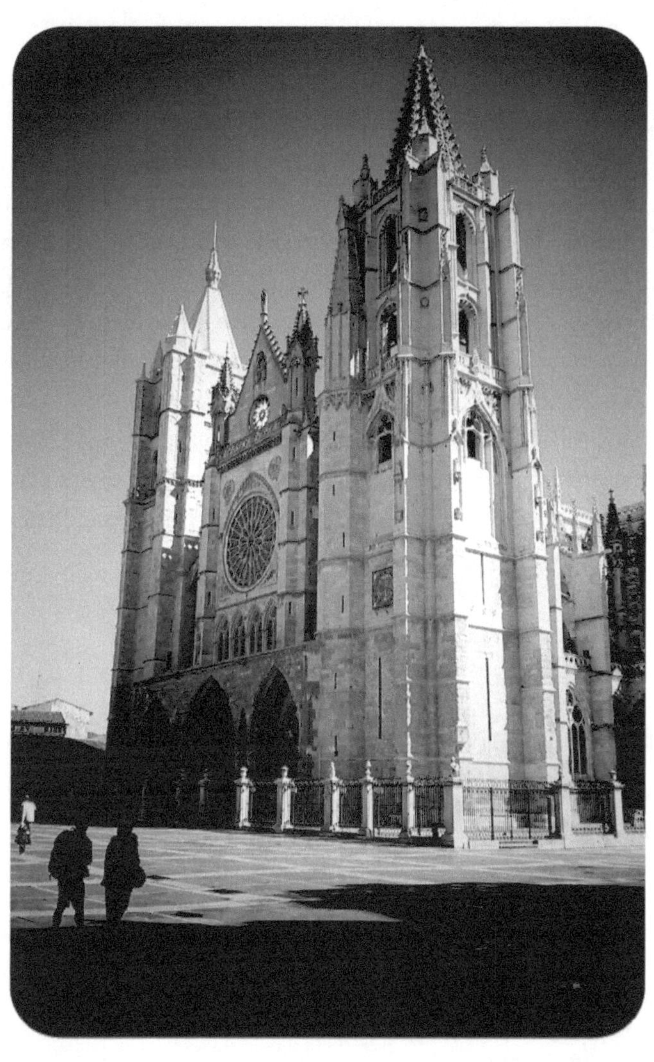

Pasando por la majestuosa Catedral de León sigo peregrinando hasta Hospital de Órbigo, dónde duermo en el hermoso Albergue Verde: hay una ducha de hidromasaje y por las mañanas se ofrece yoga gratis.

Café con leche en el paraíso

Una mujer de Alemania camina despacio junto a mí con una rodilla destrozada. Realiza un pequeño monólogo:

—Lo haría todo de otra forma distinta, si pudiese empezar de nuevo. Menos equipaje y no andar distancias exageradas al principio. Tras el primer día, mi rodilla ya estaba destrozada. Además no tenía bastones. Y peor todavía, tenía mucho más equipaje. Ya he enviado cosas a casa: ropa de invierno, mi impermeable, etc. –ya no va a llover más. Pero la mochila sigue demasiado llena. Quizás hoy por la noche mando algunas cosas más. Pero también eso es tan caro. En fin, lo haría todo de otra forma distinta, si pudiese empezar de nuevo…

Me despido.

—¡*Welcome in paradise*!

Un hombre exclama haciendo gestos en el camino.

Junto a él, hay un horno de leña dónde está hirviendo agua. Se llama David. Estamos en el medio de la nada, entre Hospital de Órbigo y Astorga.

—¡*Is not illusion, is real! ¡Is no shop! ¡This is place for peregrinos*!

Junto al horno de leña hay dos sofás recubiertos, al lado de un muestrario con café, té, zumos y delicias:

—¡*It's all organic here*!

Desde hace más de tres años David vive al margen del Camino en medio de la nada y abastece a los peregrinos.

Me tomo un café con leche de avellanas.

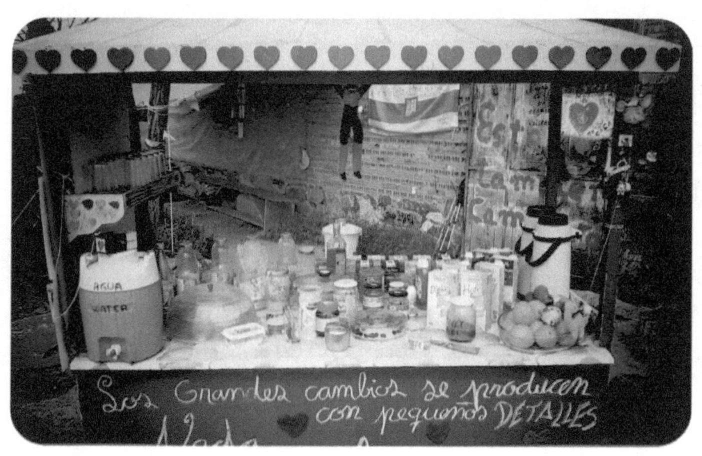

Fantástico.

Después un pan con tahini.

David no tiene agua corriente ni electricidad, pero sus ojos brillan:

—*Is very simple here.*

Él se encarga de todo con cariño, saluda a los recién llegados, chapurrea un poco de inglés, español, francés. Cuando pasan los peregrinos, él suena una campana, su rostro se ilumina y les desea:

—¡Buen Camino! ¡*Good life*!

Eso de los muchos idiomas es una excepción en el Camino: se puede ir tranquilamente sin tener conocimientos de idiomas, porque por lo general está claro lo que un peregrino necesita: comer, beber y una lugar para dormir. Con pocas palabras pronunciadas en tono interrogativo, el objetivo se consigue seguro, por ejemplo:

—¿Albergue? –Posible significado: «Hola, busco un albergue que tenga plazas libres disponibles. ¿Podría indicarme el camino?» O: «Buenos días, me gustaría hospedarme en su albergue. ¿Tiene todavía alguna cama libre en el dormitorio?»

—¿Camino? –Significado correspondiente: «¡Hola! Por desgracia me he perdido un poco y no sé dónde puedo encontrar la siguiente señal del Camino de Santiago. ¿Por casualidad podría usted ayudarme?»

—¿Agua? –Significado aproximado: «¡Buenos días! ¿Hay cerca algún bar, supermercado o fuente?»

De esta forma no se establecen ningún tipo de conversaciones intensas, pero se consigue una cama y se calma la sed.

Quién chapurree un poco más de español y domine mejor el inglés, claramente tiene la ventaja no sólo de comunicarse con los viajeros de su país, sino también de poder intercambiar experiencias e historias con la mayoría de los otros peregrinos.

—Ah, ¡al fin alguien que entiende alemán!

Un peregrino en Astorga parece furioso:

—Dime, ¿existe algún libro dónde haya una lista con todos los alberges?

—Sí —le respondo un poco sorprendido por la pregunta. Parece que acaba de empezar con su mujer.

—¡En serio! —grita enfadado como echándome la culpa—, ¡eso cuesta seguro 30 o 40 euros! ¡Yo no tengo 50.000 euros! ¿Pero qué es esto? ¿Cuánto cuesta una noche de estancia normalmente?

—Unos 10 euros —contesto y entiendo que tengo ante mí un peregrino gruñón.

—¿10 euros? ¿Estás loco? —me grita—. ¡Pensaba que

costaría como máximo tres o cuatro euros con desayuno!

Me despido.

Una y otra vez siempre aparece el ángel del Camino: personas, como David que cuidan de los peregrinos, como Norman o el otro peregrino en Castrojeriz que de forma mágica, aparecen en el lugar adecuado en el momento justo con un rotulador Edding o mini *cupcakes*.

El polo opuesto son los peregrinos gruñones: personas, que están tan atrapadas en su descontento, que ciegamente se insultan a sí mismos. A la mayoría no se les puede ayudar. Como el caso de un peregrino, que no reconocí como peregrino gruñón, que al ofrecerle una galleta, me gritó muy alto en inglés:

—¡No! ¡No quiero ninguna galleta tuya! ¡Eso es por tu culpa! ¡Has comprado demasiadas provisiones! ¡Ahora te aguantas! ¡Cada uno debe cargar con sus propios pecados!

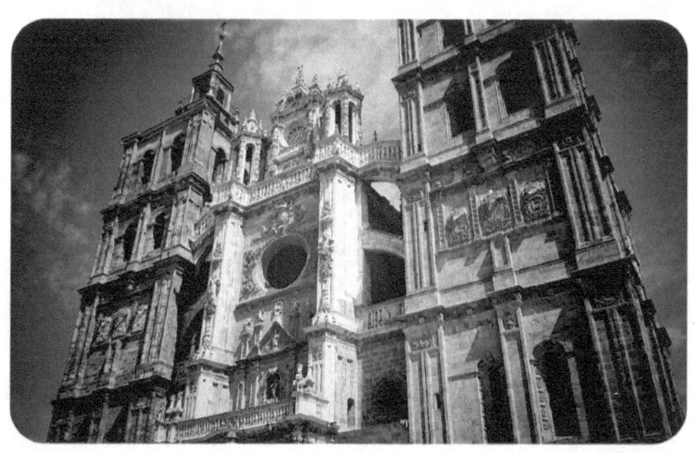

Por la noche me duele la espinilla derecha. Esto es nuevo. Hago estancia en el El Ganso y al día siguiente coloco mi piedra en la Cruz de Ferro, nada espectacular, situada inesperadamente justo en la calle del Camino:

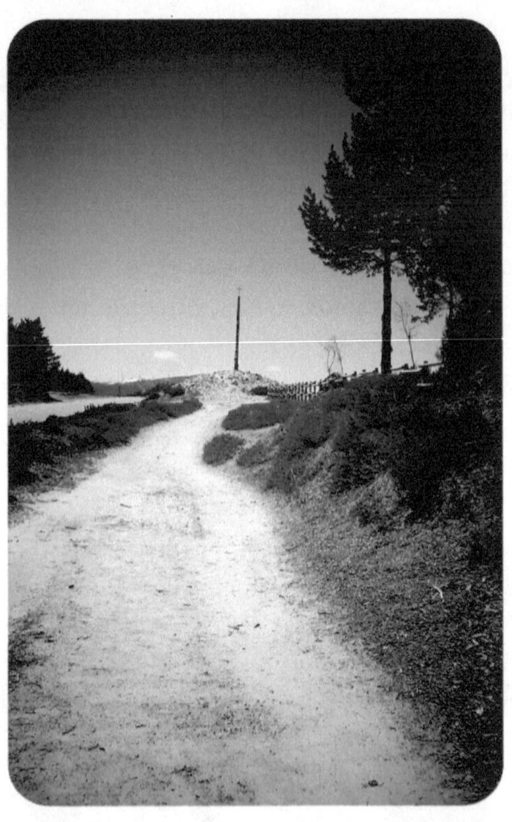

Uy, ¿qué es esto? En el pie derecho, en el dedo gordo tengo una mini ampolla. Tiene que ver con el calcetín de repuesto, que parece ser un poquito demasiado pequeño.

Daño no me hace.

Desde Molinaseca camino todo el día pasando por Ponferrada en dirección a Trabadelo:

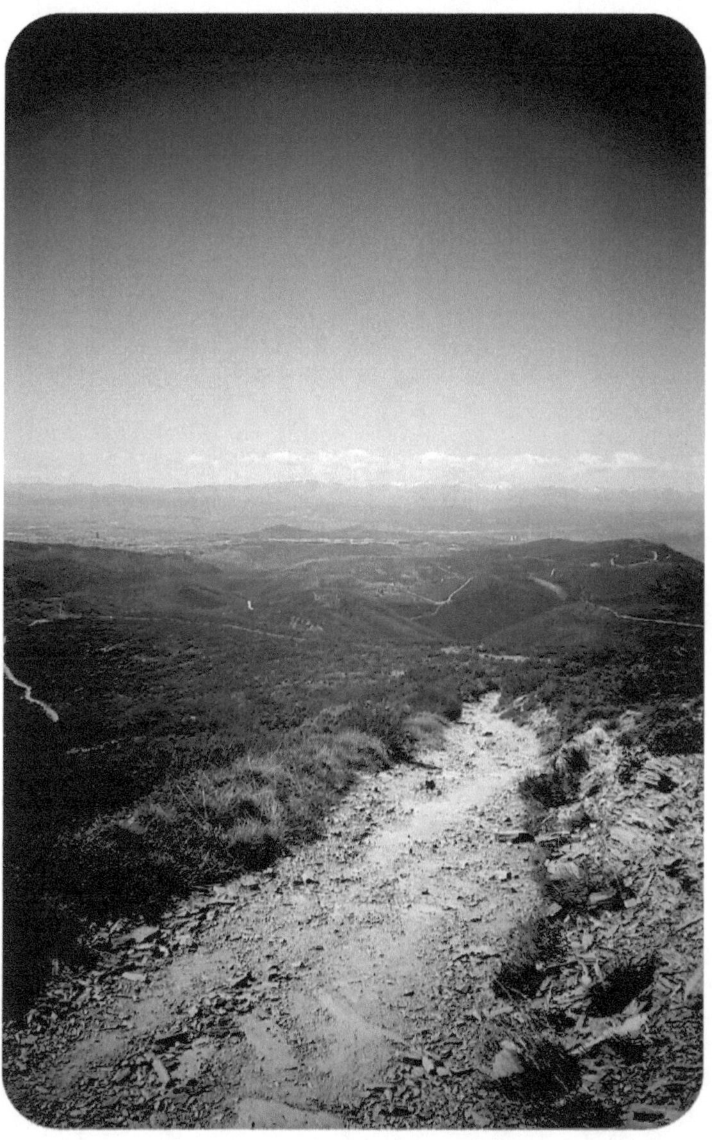

Frente al Castillo templario de Ponferrada, muchos peregrinos intentan sacarse una foto de recuerdo para que parezca que estén en la Edad Media:

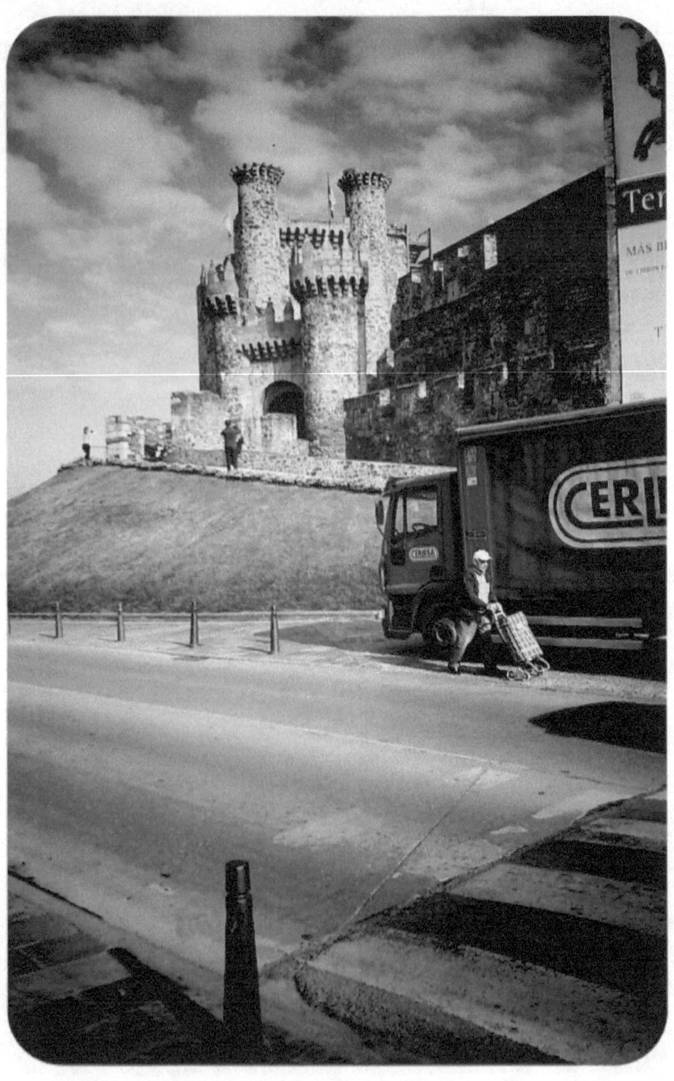

Los motivos, por los que los peregrinos recorren el Camino son muy distintos: algunos simplemente quieren hacer buenas fotos, viajar barato, ir de fiesta o dominar deportivamente los retos físicos del Camino. Otros peregrinos buscan paz, salud, liberación y reflexión.

Un peregrino de Holanda, con quien estoy cenando, me dice:

—Aquí en el Camino de Santiago puedo hablar con las personas de temas vitales, lo que no me sucede en la vida cotidiana.

—Yo hago el Camino como plegaria de agradecimiento por la buena vida que he tenido hasta ahora —explica una peregrina de Dresden, sentada con nosotros en la mesa.

La espinilla derecha hoy me duele otra vez. Por la mañana siguiente ya no puedo seguir. Es el fin del Camino para mí. Mis piernas ya no quieren caminar más. Me siento en un banco al sol.

¿Y ahora qué?

Los peregrinos pasan por mi lado.

—¡Buen Camino!

Como me he prometido a mí mismo, prestar atención a las señales y límites de mi cuerpo, no puedo continuar.

¿Mi espinilla derecha?

Había contado con todo: ampollas, molestias en los hombros, problemas con la rodilla… Nunca en mi vida había tenido problemas con la espinilla.

Pienso con mucha fe en la medalla milagrosa.

¿Y si el calcetín extra no es responsable únicamente de la pequeña ampolla en el dedo del pie?

¿Y si el calcetín extra ha provocado además un cambio

en el desarrollo del movimiento, causando una carga incorrecta y dolores en la espinilla?

Me paso otra vez al calcetín gris agujereado.

Sólo tras un par de pasos de prueba me doy cuenta: ¡es verdad!

Esto es algo diferente. Bien diferente.

¿Cuál es el contrario del dolor que aumenta?

¡Dolor que se va!

Los dolores están todavía ahí, pero se hacen un poquito más pequeños a cada paso.

Esto desaparecerá.

En O Cebreiro, enciendo un par de velas de agradecimiento, contemplo el cáliz en el que durante una misa el vino de convierte en sangre y sigo peregrinando –bastones en descenso a 1,45 m– hasta Triacastela.

En una pausa, en la que me quito las zapatillas y los calcetines, me pica un mosquito en el pie.

Durante los próximos kilómetros, mi cuerpo construye una ampolla sobre la inflamación en el punto de la picadura. A pesar de los dos calcetines.

Esto es absurdo.

Ya va siendo hora de llegar.

Sol y Santiago

Desde Triacastela hasta Gonzar me acompaña el mejor tiempo para caminar: fresco, nublado y con algo de viento.

—El año pasado por esta época, llovió durante una semana seguida y teníamos fango hasta las rodillas —

recuerda una peregrina de 84 años. Desde hace 10 años ella recorre cada año un tramo diferente del Camino:

—¡Prefiero cuesta abajo!

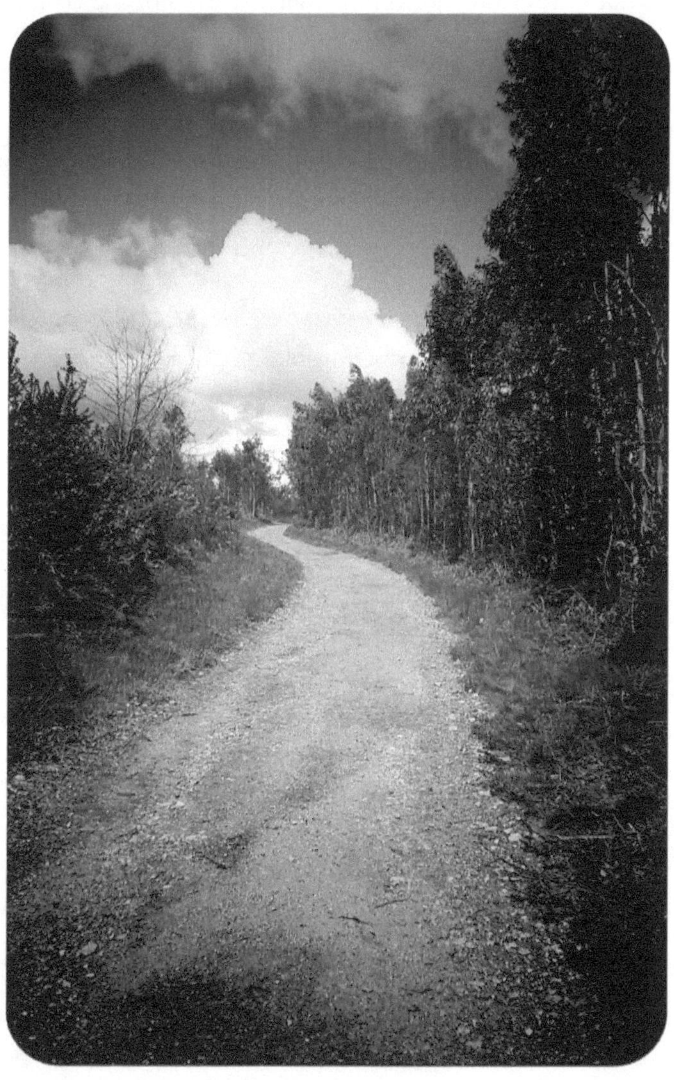

Sólo lleva una diminuta mochila. Su mochila más grande se la llevan de un albergue a otro –un servicio que en este tiempo ofrecen la mayoría de los albergues.

Dos jóvenes, peregrinas alemanas, nos adelantan. Tienen 18 y 20 años:

—¡Acabamos de hacer la selectividad!

Sus mochilas son enormes.

—Ah —sonríen— ¡todavía eran más grandes! Ya hemos enviado por unos 100 euros cosas a casa. Todo ha llegado sin problemas.

En Palas de Rei empieza a llover. Me pongo la chaqueta y pantalón impermeables sobre la camiseta y el pantalón corto, tapo los guantes con bolsas de alimentos. Toda la ropa está seca dentro de la bolsa estanca.

Un aguacero.

Por Melide llega la tormenta nº 2.

Después nº 3.

El aguacero nº 4 para variar es una granizada.

Nº 5, 6 y 7 son de nuevo sin granizo.

Al día siguiente la espinilla derecha está totalmente libre de dolores: me deslizo a paso ligero en pantalón corto bajo el sol y a través de bosques de eucaliptus…

En el Monte do Gozo verifico: ahora los cuatro calcetines están desgastados.

Da igual. Sólo faltan cinco kilómetros.

Bajo el radiante esplendor del sol alcanzo mi destino, la tumba del Apóstol:

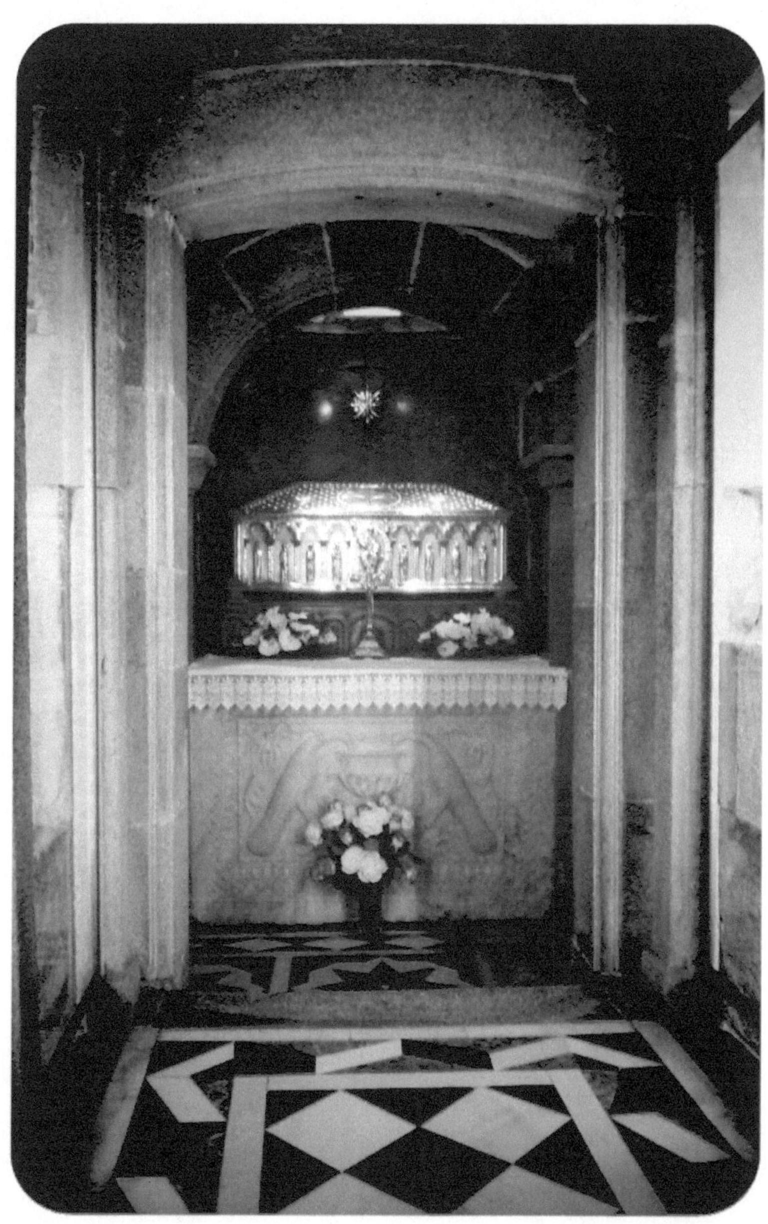

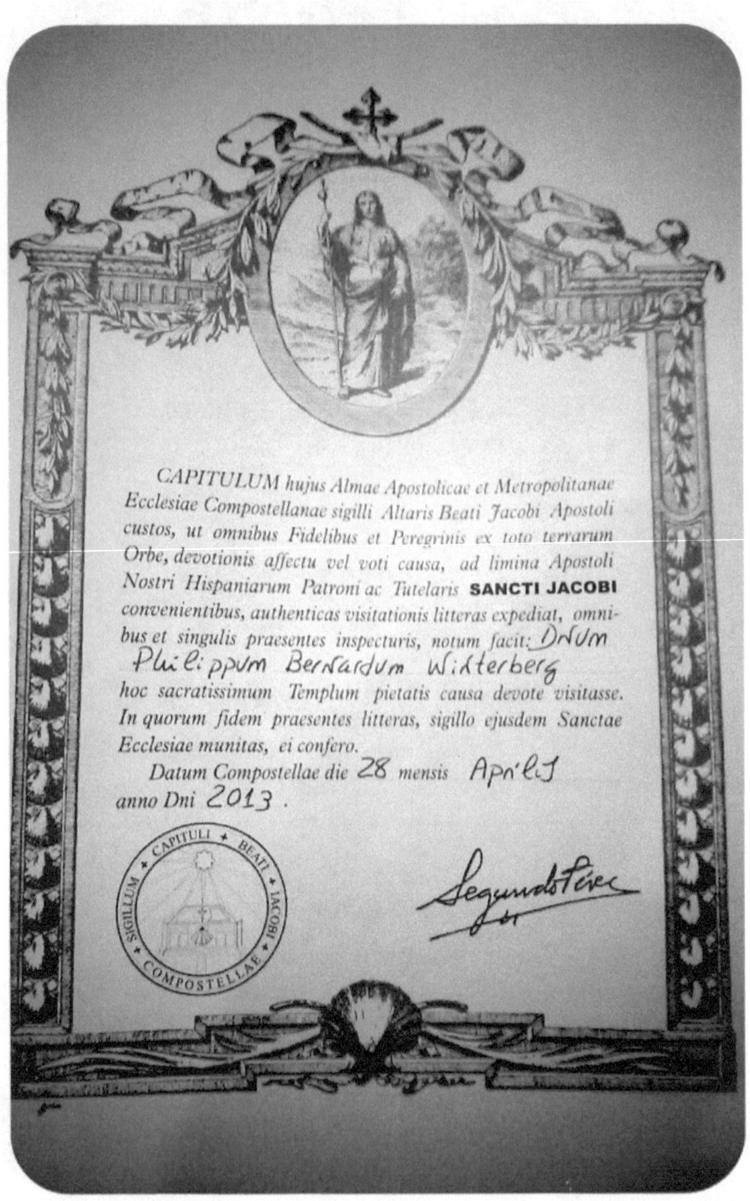
CAPITULUM hujus Almae Apostolicae et Metropolitanae Ecclesiae Compostellanae sigilli Altaris Beati Jacobi Apostoli custos, ut omnibus Fidelibus et Peregrinis ex toto terrarum Orbe, devotionis affectu vel voti causa, ad limina Apostoli Nostri Hispaniarum Patroni ac Tutelaris SANCTI JACOBI convenientibus, authenticas visitationis litteras expediat, omnibus et singulis praesentes inspecturis, notum facit: DNUM
Philippum Bernardum Witterberg
hoc sacratissimum Templum pietatis causa devote visitasse. In quorum fidem praesentes litteras, sigillo ejusdem Sanctae Ecclesiae munitas, ei confero.
Datum Compostellae die 28 mensis Aprilis
anno Dni 2013.
SIGILLUM + CAPITULI + BEATI + IACOBI + COMPOSTELLAE

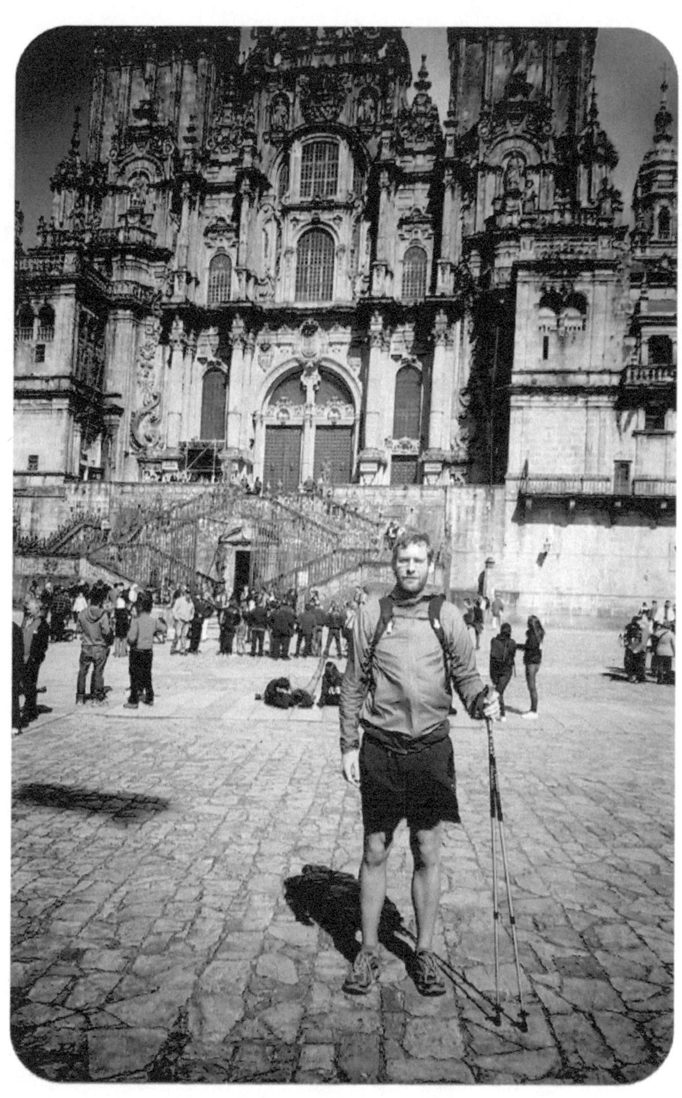

Me hospedo en un albergue cerca de la Catedral. Tiene un enchufe junto a la cama y duchas espaciosas con música de fondo.

¡Maravilloso!

Como en casi todos los albergues a lo largo del recorrido, aquí hay mantas gratis y WLAN. WLAN en España se llama WiFi. WiFi gratis no sólo había en casi todos los albergues, sino también en muchas cafeterías, bares y restaurantes del Camino de Santiago. Quien no tenga consigo un dispositivo para conectarse a Internet, en muchos albergues puede utilizar un ordenador para conectarse a la red pagando uno tarifa.

En general, está realmente bien provisto de WiFi, agua, comida, electricidad y señalizaciones del camino. También sería posible ir sin guía de viaje. Las innumerables flechas amarillas y conchas, impiden que uno se pierda – a no ser que el dueño de un bar apartado, haya dibujado a escondidas un par de flechas extra…

3. Partida

Cómodamente callejeo por Santiago de Compostela, compro postales y calcetines nuevos, admiro la Catedral, me peso en una farmacia…

«88,5 kg» chirría la vieja balanza analógica.

Hala.

He perdido 6,5 kg.

Desde Santiago de Compostela vuelo pasando por Basilea de regreso a Berlín.

Tardo un par de días, hasta estar totalmente de vuelta: camino para reducir el ritmo de mi entrenamiento hacia el aeródromo de Tempelhof, como *pastéis de nata* y ceviche en el Street Food Thursday del mercado Markthalle Neun, voy al cine, disfruto de la primavera y del sol, me siento con una vieja amiga en el puente Admiralbrücke…

Cuando me dirijo a la Puerta de Brandemburgo para completar la sensación festiva de la tarde del sábado, en ese preciso momento hay un tumulto formado por una horda de *cheerleaders*, crean figuras, hacen fotos y se lanzan mutuamente al aire:

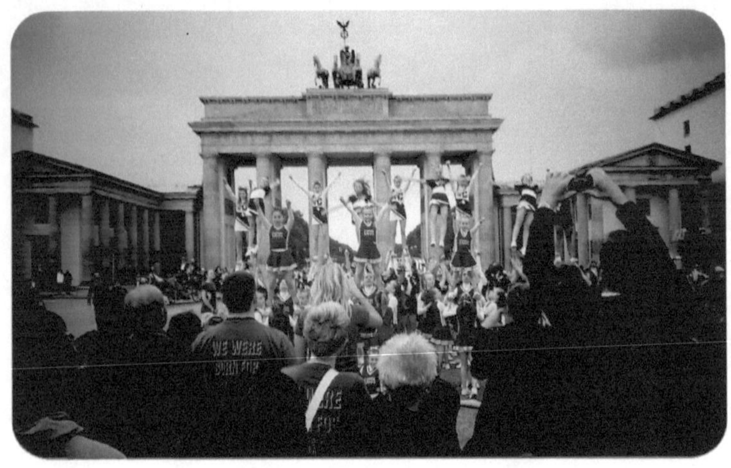

Ay, Berlín, no tienes ni idea, de lo hermosa que eres…

¿Y que ha sido de los otros peregrinos? Por e-mail, Facebook, etc. he sabido que muchos de los que conocí durante el Camino, llegaron bien a Santiago. Unas semanas después de mi regreso, Chrisi y Norman vienen a visitarme:

—¡Sin ibuprofeno yo ya no podía caminar!

Las ampollas de Chrisi se inflamaron y al final los hospitaleros la mandaron al hospital, dónde fe tratada profesionalmente. Después se compró otros zapatos y alcanzó Santiago tras 32 días de peregrinación.

Norman envió a casa desde Pamplona por 65 euros un paquete gordo con su tienda de campaña y otro equipaje. Durante el recorrido a menudo tomó el bus y el tren y caminó a pesar de las ensangrentadas ampollas. Sin dejarse enturbiar su buen humor, celebró el Camino, llegó feliz a Santiago y se tatuó en el brazo una "Cruz da Espada" –esa cruz roja, que también decora las conchas de Santiago:

—¡Fue el mejor momento de mi vida!

III. Lista de equipaje

1. Descartar, cambiar, etc.

Menos algunas excepciones, el equipo ha dado un buen resultado. El pañuelo para el cuello Buff era innecesario. La tarjeta bancaria EC podría haberse quedado en casa.

Los calcetines de Icebreaker fueron a la vez una bendición y una maldición: la talla XL me dio un resultado magnífico –dos pares uno encima de otro– contra las ampollas, la talla L me causó misteriosas molestias en la espinilla que casi me obligan a abandonar el viaje.

Llamo a la línea de atención al cliente de Icebreaker:

—Buenos días. Ustedes tienen esta garantía de confort de 90 días para calcetines…

—Buenos días, si es correcto —me saluda una empleada que suena muy agradable.

—He estado 23 días haciendo senderismo y ya los dos pares XL están desgastados…

—¿Qué? —ella parece sorprendida—. Esto no puede ser. ¡Ni siqueira después de 30 días! Por favor, envíemelos. De inmediato le serán repuestos.

Descartado	g
Linterna frontal/silbato: Petzl Tikka XP², incluyendo pilas AAA Varta Micro 35 g	-88
Reproductor MP3, despertador, guía, bloc de notas, etc. de repuesto del iPod Touch 4	-102
Protección contra lluvia iPod Touch: aLoksak 3x6	-5
Cable de USB/cargador de iPod Touch	-20
Bloc Muji Key Ring Memo Block	-9
Bolígrafo	-7
Tarjeta bancaria: tarjeta EC	-5
Copia ampliada para más sellos en la Credencial	-1
Detergente: Rei in der Tube, 30 ml tubo de viaje	-38
Pañuelo multiusos para cuello, cabeza, calentador: Original Buff Wool Buff Grey	-48

Descartado: 323 gramos

La linterna frontal, el silbato de señalización y el detergente Rei in der Tube se quedarán en casa a partir de ahora. No he utilizado el bloc de notas, el bolígrafo en caso necesario se puede pedir en restaurantes o albergues.

Nunca me he puesto el cinturón del monedero, podría retirarse. Durante el camino, corto las solapas de velcro del pantalón impermeable que me molestan:

Cortado	✂	g
Pantalón: Montane Minimus Pants	4	144
Chaqueta: Montane Minimus Jacket	1	223
Monedero: Eagle Creek Money Belt	12	13

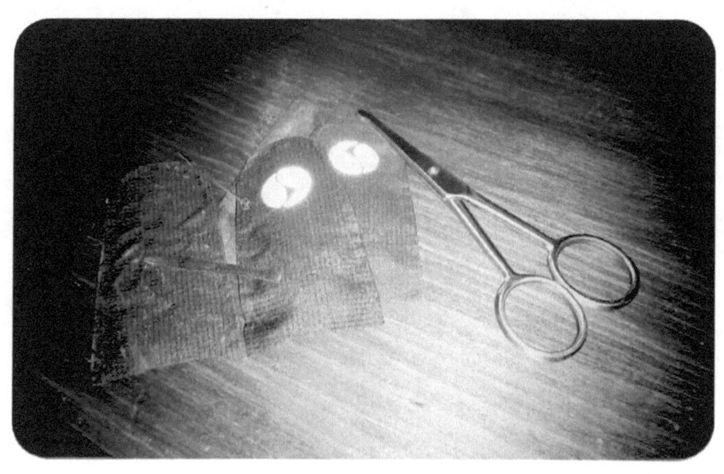

Cambiado	g
Calcetines: Icebreaker Run Ultralite Micro L, XL (3x33g) cambiado por 4 pares nuevos Icebreaker Run Ultralite Micro XL (4x33g), porque L es muy pequeño y los calcetines XL están desgastados	+33
Camiseta: Icebreaker Bodyfit 150 Short Sleeve Crewe XL cambiada por Icebreaker Bodyfit 150 Short Sleeve Crewe L, porque XL ha resultado ser demasiado grande para mí	-11
Protección solar: crema DM Sundance Med Ultra Sensitive factor de protección 50+ 50 ml tubo de viaje cambiado por Garnier Ambre Solaire UV Sensitive factor de protección 50+ 75 ml tubo de viaje, porque la crema Sundance era demasiado blanca, espesa y pringosa	+16

Para el Nexus elegiré en el futuro quizás una bolsa estanca más grande. Las tijeras para barba y el cortaúñas ahora se guardan en la bolsa de tecnología, porque en la bolsa de aseo se oxidaron.

El Undercover Money Belt de Eagle Creek planeado como bolsa de documentación, se utilizó únicamente como monedero. La bolsa de documentación para la Credencial del Peregrino, tarjetas bancarias y documento de identidad fue la eficaz bolsa Loksak 4x7.

Como el dinero en efectivo –al igual que el agua y la comida– cambia constantemente, es lógico, contabilizar este peso de ahora en adelante como provisiones.

La nutrición deportiva Xenofit resultó ser útil en la etapa nº 2 hacia Roncesvalles –allí excepcionalmente hay pocos restaurantes en el recorrido.

Como protección solar se recomienda una crema poco pringosa; pasta de dientes, champú, etc. se podría llenar en menor cantidad, acortar la barra del protector labial.

Pero a fin de cuentas estos productos cosméticos son más o menos innecesarios, porque un par de gramos no constituyen realmente una diferencia significativa…

Todas las indicaciones del peso se expresan en gramos.

Lista cutdown adicional: en la columna con la tijera (✂), se indica el peso de las trabillas, etiquetas, velcro, etc., que se han cortado durante el cutdown. En la columna de al lado (g) se introduce el peso del respectivo artículo del equipo tras el cutdown.

2. Recomendación de equipaje

La siguiente lista de equipaje contiene el equipo básico, que tras mis experiencias puedo recomendar sinceramente y que llevaré conmigo la próxima vez para el Camino Francés.

El peso de la mochila varía entre 1,8 y 3,1 kg, según la ropa y el equipo que en ese momento se lleve en el cuerpo o en la mochila. El peso base, es decir, el peso total del equipo sin provisiones asciende a 4.775 gramos.

La cantidad de provisiones tiene como valor ejemplo 200 g, que es bastante más elevado que el valor promedio que tenía en comida/agua/efectivo. El abastecimiento en fuentes, restaurantes, etc. en el Camino de Santiago es excelente.

Como peso inicial, es decir, el peso real de la mochila incluyendo las provisiones, por ejemplo en una mañana sin lluvia da como resultado un peso de 2.860 gramos. En la mochila hay 2.660 g de equipo + 200 g de provisiones, en el cuerpo se llevan 2.115 g equipo:

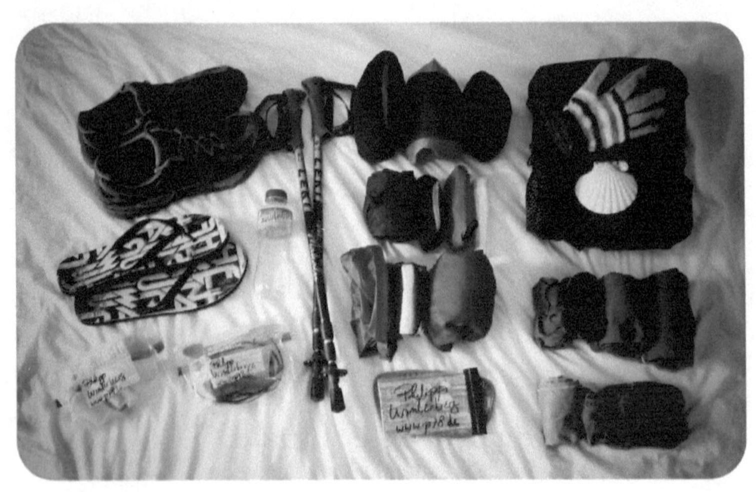

Mochila, saco de dormir, etc.		
Mochila: huckePÄCKchen Spezial		447
Saco de dormir: Cocoon Travel Sheet		154
Bastones de *trekking*: Leki Retro	514	
Tacos para asfalto: Leki Gummipuffer, 2x14 g	28	
Concha de Santiago		47
Piedra para Cruz de Ferro (valor ejemplo)		25
Mondero: Undercover Money Belt		13
Botella de agua: botella de plástico, 0,5 Litros		20
Provisiones/efectivo (valor ejemplo)		200

Calzado		
Brooks Cascadia 7	936	
Chanclas Mister*Lady To the Beach		182

Ropa	🚶	🎒
Calcetines: Run Ultralite Micro XL, 4x33 g	66	66
Calzoncillo: Anatomica Boxers 150 L, 2x53 g	53	53
Camisetas: Icebreaker Bodyfit 150 L, 2x125 g	125	125
Pantalón corto: Puma Running Shorts L		108
Pantalón largo: Millet Triolet Pants DE 54	281	
P. impermeable: Montane Minimus Pants XL		144
Polar: Jack Wolfskin Performance Jacket L		270
Cortavientos: Patagonia Houdini Jacket L	112	
Impermeable: Montane Minimus Jacket XL		223
Guantes: Latex Leixure Gloves		46
Protección contra viento y lluvia para pies y manos: bolsas Profissimo 6 litros, 4 unidades		26
Asiento/protector solar, viento, etc.: McKinley Alu Seat Cushion, aprox. 35x35 cm		14
Toalla/ pañuelo limpiagafas /bufanda: Sea to Summit Pocket Towel, aprox. 40x80 cm		50
Bolsa de ropa/bolsa equipaje/Bolsa estanca: Sea to Summit Ultra-Sil Dry Sack, 35 litros		68

Peso de la ropa: 1.830 gramos

Bolsa de aseo	🚶	🎒
Hilo dental: Rossmann Perlodent, 10 m		5
Pasta de dientes: Rossmann Perlodent Perfect Clean, 20 ml tubo de viaje		33
Cepillo dental: cepillo de viaje DM Dontodent		10

Gel de ducha: Sea to Summit Bodywash, concentrado en botellita Relags, aprox. 40 ml		67
Champú: Sea to Summit Shampoo concentrado en botellita Relags, aprox. 33 ml		55
Protector solar: Garnier Ambre Solaire UV Sensitive F 50+, 75 ml en tubo, aprox. 65 ml		77
Protector solar: protector labial DM Sundance Sensitive, factor de protección 50		13
Bolsa de aseo/bolsa para líquidos en el avión: bolsa Profissimo Quick'n Fresh 1 litro		7

Peso bolsa de aseo: 267 gramos

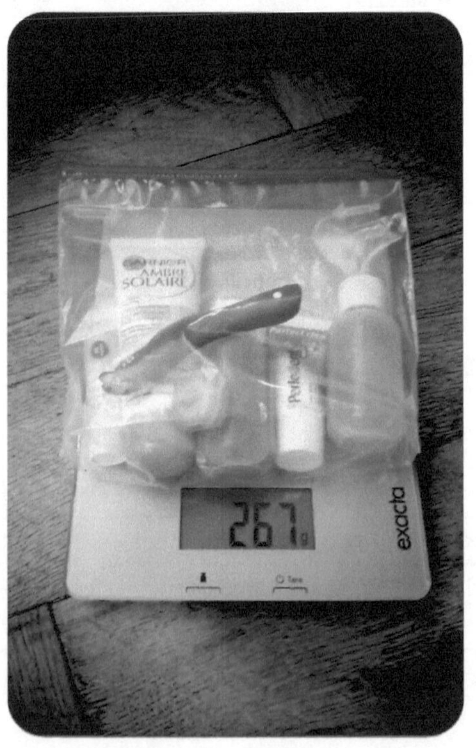

Bolsa de tecnología		
Tapones para oídos : tapones Ortec Ultra-Plugs Ultra, SNR 30 , lavables, con caja		7
Cuchara/tenedor/cuchillo: *spork*		10
Pinzas para ropa/Clips universales: Ortec Multi-Clips, 6 unidades		9
Smartphone/Cámara digital/Álbum de fotos/ Linterna/Guía /Reloj/ Dispositivo GPS/Alarma/Espejo/Mapa/Explorador Dispositivo USB/Bloc de notas/Calendario/ Videocámara/reproductor MP3 /Lector *e-book*/Diccionario, etc.: LG Nexus 4		139
Protector antilluvia *smartphone*: aLoksak 3x6		5
Cable USB y del cargador de *smartphone*		23
Adaptador USB		30
Auriculares: Sennheiser CX 400-II		12
Cortaúñas: cortaúñas pequeño Rossmann For Your Beauty con limpiador y lima		15
Tijeras para barba: tijeras de acero inoxidable Rossmann For Your Beauty, antialérgicas		21
Bolsa de aseo/bolsa para líquidos en el avión: bolsa Profissimo Quick'n Fresh 1 litro		7

Peso bolsa de tecnología: 278 gramos

Bolsa de documentación		
Documento de identidad		5
Tarjeta bancaria		5

Credencial del Peregrino		18
Bolsa de documentación/protector contra lluvia: aLoksak 4x7, bolsa impermeable		6
Peso bolsa de documentación : 34 gramos		

Todas las indicaciones del peso se expresan en gramos.

Todas las indicaciones del peso hacen referencia al peso de los artículos de equipo ya optimizados con el cutdown, en el que se han retirado sus innecesarias etiquetas, instrucciones de lavado, velcros, trabillas, fundas, etc.

En la columna con el hombrecito ( ) se encuentran los datos sobre el equipo que se lleva actualmente en el cuerpo. Como obviamente estos datos son variables, se toma como ejemplo una mañana sin lluvia.

En la columna con el paquete ( ) se indica el peso de los artículos guardados en la mochila.

Una lista de las apps smartphone utilizadas se encuentra en el capítulo «Smartphone o flota de aparatos» en la primera parte de este libro.

Productos, precios y gamas varían de temporada en temporada. Si los componentes del equipo listados aquí no estuviesen disponibles, posiblemente se encuentren productos alternativos de otros fabricantes. Esta recomendación no supone un exhaustivo test del producto, sino que es el resultado de experiencias selectivas personales. Es probable que existan otros productos más ligeros o mejores que los aquí citados.

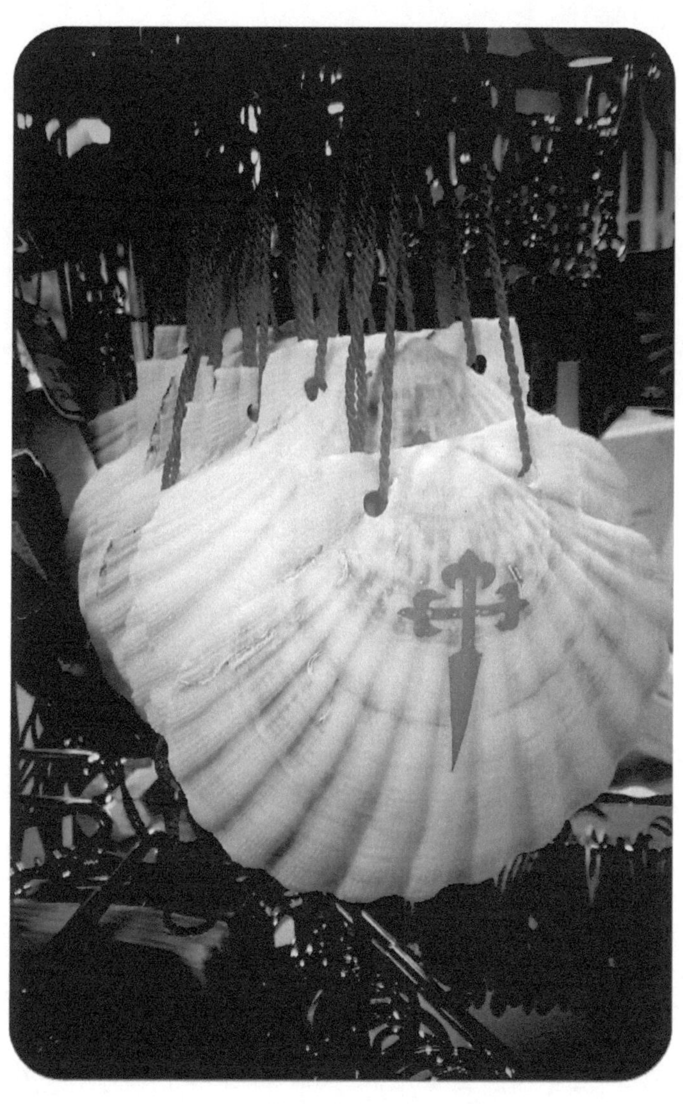

Concha: se puede adquirir a muy buen precio una concha de Santiago directamente in situ en Francia o en España al comienzo del viaje del peregrino. Las conchas de Santiago que se ofrecen en los múltiples establecimientos ya tienen un agujero perforado, la mayoría

llevan grabada la cruz roja e incluyendo el cordón rojo cuestan unos dos euros. Pesan con el cordón un total de aprox. 45-50 g.

Credencial del Peregrino: se puede adquirir una Credencial muy barata en muchos lugares en el punto de partida. En las Credenciales normales, de color y con un pequeño mapa en la parte posterior, hay espacio para aprox. 40 sellos. Como muchos albergues tienen sellos grandes que ocupan dos casillas, es difícil calcular con exactitud para cuántos días se puede utilizar la Credencial:

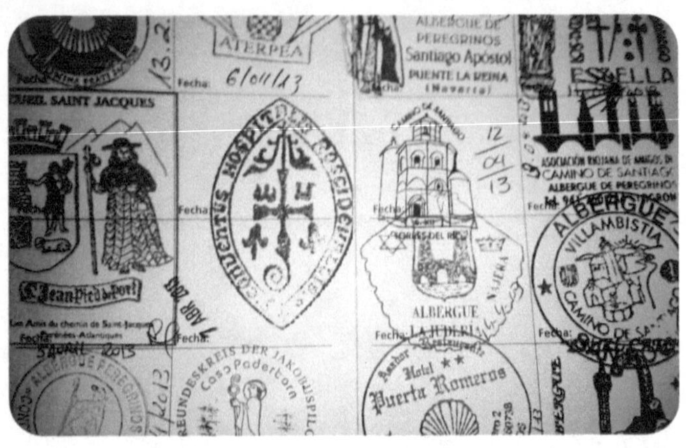

Para peregrinos, que planeen estar en ruta más de 35 días, en el centro de información turística de St. Jean Pied de Port, pueden adquirir la Credencial blanca sencilla que no contiene mapa, pero que se puede sellar a doble cara y por lo tanto hay espacio para alrededor de 70 sellos.

3. Lujo y seguridad

¿Dónde están los límites del equipaje minimalista? Desde mi punto de vista hay por ejemplo un límite que no se debe sobrepasar, es decir, cuando la propia seguridad está en peligro de forma subjetiva u objetiva:

Quien camine mucho y beba mucha agua, quizás necesite algo más que una pequeña botella de agua de 0,5 litros –especialmente en verano. Lo mismo es aplicable para las provisiones y el resto del equipo. Por ejemplo, yo necesitaba dos dispositivos multifunción –LG Nexus Smartphone y iPod Touch– para sentirme seguro.

Otra barrera para mí era la piedra para la Cruz de Ferro, la concha de Santiago y los regalos dados: yo quería llevar conmigo una piedra y una concha bonitas, para que me transmitieran alegría a diario. Otros peregrinos son más pragmáticos en este sentido, no llevan consigo ninguna piedra y para ahorrar peso, se cuelgan una foto de una concha en la mochila.

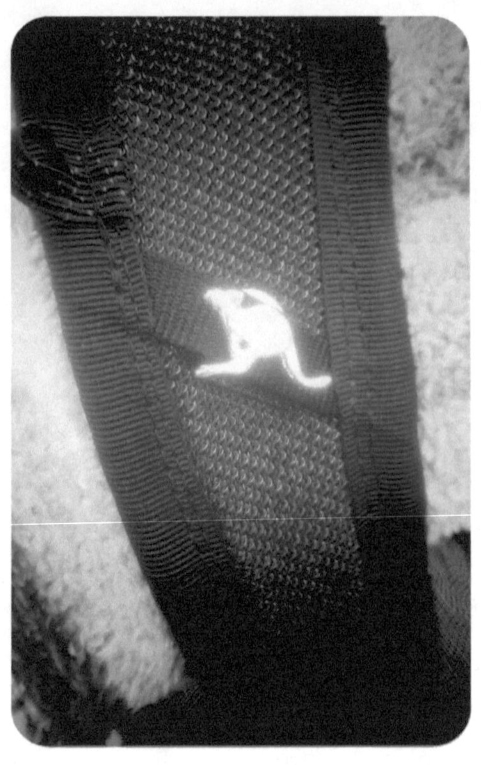

También he llevado regalos con mucha alegría: la medalla milagrosa, una pequeña concha de Santiago adicional que me envió una amiga, el pequeño y dorado canguro, que recibí como regalo de Joanne de Sidney, etc.

Y finalmente veo otro límite saludable, aunque sus efectos no sean perceptibles, si se sigue optimizando: con una mochila de 2 kg quizás podría haber recorrido cada día un kilómetro más, pero como yo puedo caminar de todas formas a paso ligero desde por la mañana hasta el anochecer, no he notado ninguna diferencia.

La sensación del peso de una mochila de 2 kg sería posiblemente un matiz insignificante, aunque los beneficios para la salud de los hombros, espalda y rodillas permanecerían inalterables. Mi mochila de 3 kg, en ningún momento de los 800 km del Camino de Santiago recorridos me pareció pesada: ni siquiera cargando con las provisiones extra que había comprado, ni por la noche, ni al final de la etapa de 106 km. La lista básica de equipaje presentada en el capítulo anterior es incluso más ligera. Por lo tanto, mi recomendación final sería, mejor meter en el equipaje con toda confianza 200 g de lujo adicional, en lugar de renunciar al cepillo de dientes por ser demasiado perfeccionista…

¡Buen Camino!

Apéndice

1. Listas de precios

En las siguientes listas –para orientación general respecto al precio del producto– se muestran los precios que he pagado. Muchos productos estaban de oferta, otros probablemente están más baratos en Internet que en las tiendas especializadas, etc.

Los artículos del equipo que he comprado, pero que no me he llevado al Camino de Santiago, he cambiado o reclamado, se indican entre paréntesis y no se contabilizan en la suma total.

Llegada, Peregrinaje, Partida	**Precio**
Vuelos EasyJet: Berlín-Basilea, Basilea-Burdeos	98,08
Tren: Burdeos-St. Jean Pied de Port	35,90
Peregrinar: albergues, comida, etc. (aprox.)	990,00
Vuelo EasyJet: Santiago-Basilea, Basilea-Berlín	133,88
Cambio del vuelo	125,69
Total	**1.383,55**

Mochila, saco de dormir, etc.	**Precio**
(GoLite JAM 35L Pack, azul claro)	*(136,90)*
Laufbursche huckePÄCKchen Spezial, negro	225,50
Saco de seda Cocoon Travel Sheet, azul	69,95
Bastones de *trekking* Leki Retro, dorado/negro	59,90
Leki Gummipuffer, 2 unidades, negro	7,90
Concha de Santiago	15,00
Perforar agujeros en la concha de Santiago	5,00
Total	**383,25**

Calzado	**Precio**
(Hanwag Canyon II Terra Care)	*(189,95)*
(Cera para calzado Granger's G-Wax)	*(4,95)*
Brooks Cascadia 7, naranja/gris	85,21
(Sanuk Kyoto Sidewalk Surfers)	*(49,00)*
Chanclas Mister*Lady To the Beach	5,39
Total	**90,60**

Ropa	**Precio**
(MacPac Men's Rime Jacket L, azul)	*(249,95)*
(Camiseta Noname de algodón estampada con un monstruo L, verde claro)	*(5,00)*
(Calcetines Woolpower Logo 400, 2 pares, negro)	*(33,90)*
(Icebreaker Men's Bodyfit 200 Long Sleeve Half Zip XL, marrón tierra)	*(89,95)*

(Icebreaker Men's Bodyfit 200 Short Sleeve Crewe XL, rojo)	*(69,95)*
(Icebreaker Men's Run Ultralite Micro L, 1 par, blanco)	*(16,95)*
Icebreaker Men's Run Ultralite Micro L, 1 par, blanco	16,95
Icebreaker Men's Run Ultralite Micro XL, 2 pares, gris	33,90
(Icebreaker Men's Bodyfit 200 Boxers L, negro)	*(39,95)*
Icebreaker Men's Anatomica Boxers 150 L, verde	35,95
Icebreaker Men's Anatomica Boxers 150 L, negro	35,95
Icebreaker Men's Bodyfit 150 Short Sleeve Crewe L, azul	59,95
Icebreaker Men's Bodyfit 150 Short Sleeve Crewe XL, verde	59,95
(ExOfficio Men's Jenever Midi Plaid Short-Sleeve Shirt L, rojo/blanco/verde)	*(59,95)*
(ExOfficio Men's Give-N-Go Boxer Brief XL, negro)	*(24,95)*
(Noname braga de cuello, negro)	*(9,95)*
(Original Buff, violeta/blanco)	*(16,95)*
Original Buff Wool Buff Adult Size, gris#	25,95
Patagonia Men's Houdini Jacket L, gris	99,95
Forro polar Jack Wolfskin Performance Jacket Men L, gris	79,95
Montane Men's Minimus Jacket XL, verde claro	184,95

Montane Men's Minimus Pants XL, negro	139,95
Millet Men's Triolet Pants DE 54, Factor de protección 50+, gris/negro	89,95
Puma Running Shorts L, gris	34,95
(Guantes forro polar caballero Noname, negro)	*(9,95)*
Latex Leixure Gloves, violeta	5,00
Bolsas Profissimo 6 litros, 20 unidades*	0,65
(Profissimo Mikrofaser Universaltücher aprox. 31x35 cm, 2 unidades, verde/rosa)	*(1,95)*
Sea to Summit Pocket Towel, aprox. 40x80 cm, verde claro	14,95
Sea to Summit Ultra-Sil Dry Sack, 35 litros	22,99
(Asiento de aluminio Meru aprox. 44x34 cm)	*(1,95)*
McKinley Alu Seat Cushion, aprox. 35x35 cm, plata/azul claro	1,99
Total	**943,88**

Bolsa de tecnología	Precio
LG Nexus 4 smartphone	299,00
Contactos: App Android Contact	0,00
Ahorro de energía: App Advanced Task Killer	0,00
Explorador: App Android Chrome	0,00
Chat: App WhatsApp	0,00
e-books: App Adobe Reader/ App Kindle	0,00
e-mails: App Android E-Mail	0,00
Álbum de fotos: App Android Galerie	0,00
GPS: OruxMaps/App Google Maps	0,00

Localizador GPS: App OruxMaps	0,00
Calendario: App Android Calender	0,00
Cámara: App Vignette (versión demo)	0,00
Reproductor MP3: App Android Play Music	0,00
Noticias: App Android News	0,00
Bloc de notas: App ColorNote	0,00
Linterna: bloqueo de pantalla Nexus 4	0,00
Calculadora: App Android Calculator	0,00
Reloj: Android Analog Clock Widget	0,00
Dispositivo USB: memoria interna Nexus 4	0,00
Videocámara: App Android Camera	0,00
Mapa de senderismo: App OruxMaps	0,00
Alarma: Android Analog Clock Widget	0,00
Predicción del tiempo: App Android Weather	0,00
Diccionario: App Google Translate	0,00
Apple iPod Touch 4 MP3-Player en negro#	199,00
Contactos-Repuesto: App iOS Notas	0,00
Explorador-Repuesto: App iOS Safari	0,00
Lector e-book-Repuesto: App iBooks	0,00
Álbum de fotos-Repuesto: App iOS Fotos	0,00
Calendario-Repuesto: App iOS Calender	0,00
Cámara-Repuesto: App iOS Camera	0,00
Reproductor MP3-Repuesto: App iOS Musik	0,00
Bloc de notas-Repuesto: App iOS Notes	0,00
Linterna-Repuesto: bloqueo de pantalla iPop	0,00
Calculadora-Repuesto: App iOS Calculator	0,00

Reloj de bolsillo-Repuesto: App iOS Clock	0,00
Videocámara-Repuesto: App iOS Camera	0,00
Alarma-Repuesto: App iOS Clock	0,00
Predicción tiempo-Repuesto: App iOS Weather	0,00
Diccionario-Repuesto: App Google Translate	0,00
Spanischer Jakobsweg: Von den Pyrenäen bis Santiago de Compostela – 41 Etappen, Cordula Rabe, editorial Bergverlag Rother, 7ª Edición, 2012; Copia privada digitalizada como e-book (PDF)	14,95
GPS-Tracks de la guía, Ed. Bergverlag Rother	0,00
Outdoor Hanbuch Band 23, Spanien: Jakobsweg Camino Francés, Raimund Joos, editorial Conrad Stein Verlag, 16ª Edición, 2013; Copia privada digitalizada como e-book (PDF)	14,90
(Fisterra-Muxía-PDF, editorial Conrad Stein Verlag)	*(0,00)*
Linterna frontal Petzl Tikka XP² con silbato de señalización SOS integrado#	49,95
Pilas Varta Micro AAA High Energy *#	1,99
(Canon Ixus 220 HS)	*(219,00)*
(Bolígrafo Schneider K1, azul)	*(0,90)*
Bolígrafo Noname, azul#	0,39
Bloc Muji Key Ring Memo Block, 100 hojas*#	1,50
Auriculares Sennheiser CX 400-II, negro	52,99
Bolsas impermeables Loksak aLOKSAK 3x6, 3 unidades*	9,95
Bolsas DM Profissimo Quick'n Fresh 1 litro, 15 unidades*	1,75
Total	**646,37**

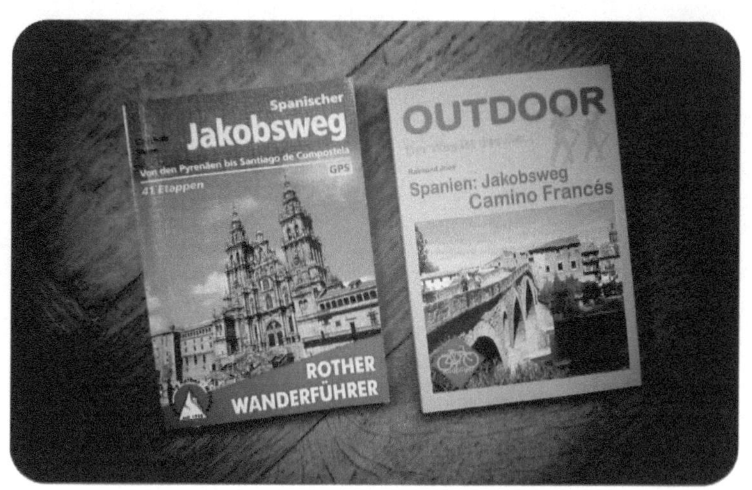

Bolsa de aseo	**Precio**
Rei in der Tube 30 ml tubo de viaje, adecuado para todo tipo de tejidos#	0,55
(Giorgio Armani Acqua di Gió Homme Deodorant Stick, 75 ml)	*(32,95)*
(Jil Sander Sun Men Eau de Toilette, 75 ml)	*(34,95)*
(Pastillas de Flores de Bach, Bach Original Rescue Pastillen, 50 g, arándano)	*(6,05)*
(Cinta adhesiva BSN Leukotape classic, 3,75 x 10 m)	*(9,95)*
(Crema antiséptica Bayer Bepanten, 20 g)	*(5,40)*
(Toallitas B | Braun Alcohol Pads, 10 unidades)	*(1,00)*
Botellita Relags con cierre de vertido, 50 ml, antiderrame, 2 unidades	3,45
Gel de ducha Sea to Summit Bodywash – Biodegradable Concentrate	4,95

Champú Sea to Summit Shampoo with Conditioner – Biodegradable Concentrate	4,95
(Sea to Summit The Lite Line Clothline, negro)	*(8,95)*
Ortec Multi-Clips, Outdoor Universalclips, 15 unidades, blanco*°	3,95
Tapones para oídos Ortec Ultra Plugs, lavables, SNR 30, 1 par, naranja°	4,95
(Ohropax Color, SNR 35, 1 par, verde)	*(0,95)*
(Ohropax Classic, SNR 27, 20 pares, rosa)	*(3,99)*
Light My Fire Spork Original, azul claro°	1,95
(Cepillos dentales Colgate Extra Clean, 3 unidades)	*(1,99)*
(Funda para cepillo Coghlan, 2 unidades)	*(1,75)*
(Oral B EssentialFloss sin cera 50 m)	*(1,85)*
Hilo dental Rossmann Perlodent sin cera con flúor, 10 metros, formato viaje	0,50
(Crema dental Dr. Wolff,s BioRepair , 75 ml)	*(4,75)*
(Colgate Total, 25 ml en tubo de viaje)	*(0,85)*
Pasta de dientes Rossmann Perlodent Perfect Clean, 20 ml en tubo de viaje	0,29
(Detergente Rossmann Domol, 30 ml en tubo de viaje)	*(0,50)*
(Philips Stubble Trimmer Pro, QT 4022, cortabarba, rojo oscuro)	*(59,99)*
Rossmann For Your Beauty tijeras para barba inoxidables, antialérgicas°	5,99
Cortaúñas pequeño Rossmann For Your Beauty con limpiador y lima°	1,89
(Coratúñas DM Ebelin con SoftGriff con presilla, limpiador y lima)	*(1,85)*

(Gel DM Alverde Olive con Aloe vera, 50 ml en botella de viaje)	*(0,55)*
(Garnier Ambre Solaire UV Sensitive F 50+)	*(5,95)*
(Protector labial DM Sundance, Factor de protección 30, 10 ml en tubo de viaje)	*(1,15)*
Protector solar DM Sundance Med Ultra Sensitive, Factor 50+, 50 ml en tubo de viaje	4,95
Protector labial DM Sundance Sensitive, Factor de protección 50	1,45
Cepillo dental de viaje DM Dontodent plegable	0,95
Bolsas DM Profissimo Quick'n Fresh 1 litro, 20x18,5 cm, 15 unidades*	1,75
Total	**42,52**

Bolsa de documentación	Precio
Credencial del Peregrino incluido papel secante (donativo)	7,00
Copia ampliada para sellos adicionales#	0,20
Bolsa hermética e impermeable Loksak aLOKSAK 4x7, 3 unidades*	7,95
Cinturón monedero Eagle Creek Undercover Money Belt, 70D Ripstop Nylon	10,00
Tarjeta EC	6,00
Total	**31,15**

Varios	**Precio**
(Outdoor Handbuch Band 184: Trekking ultraleicht, , Stefan Dapprich, Conrad Stein Verlag , 5ª Edición)	*(9,90)*
Transmisión energética Bi Gu por la Maestra Tianying, Insituto Tian Gong, Berlín (donativo)	7,00
Xenofit Carbohydrate Gel con extracto de mate, tipo Citrus-Mix, 5 unidades de 25 g*#	4,95
Botella de plástico de agua Vio, 0,5 Litros	0,59
(Balanza Beurer, GS 14, pesa hasta 150 kg)	*(9,99)*
(Balanza de cocina ADE Maja, hasta 5 kg, plata)	*(19,95)*
(Balanza de cocina Soehnle Exacta, hasta 5 kg, plata)	*(14,99)*
Medias de viaje: Belsana Cotton, talla 45-47	18,23
Toalla	**30,77**

Todos los precios en las listas están expresados en euros.

* *Algunos productos, por ejemplo las bolsas Quick'n Fresh, vienen en paquetes con un elevado número de unidades. En la lista siempre se indica el precio y número de unidades total del paquete, también cuando por ejemplo sólo se utilicen cuatro de las 15 bolsas y el precio unitario de la bolsa sólo ascienda a 12 céntimos aprox.*

° *La distribución de los productos en las diferentes bolsas se corresponde con la distribución inicial real de mi peregrinaje. La recomendación final en la parte III de este libro se recomienda una distribución ligeramente modificada de la lista citada anteriormente.*

Estos artículos los llevé conmigo al Camino de Santiago, pero resultaron ser innecesarios. Por lo tanto, no se han introducido en la recomendación de la lista de equipaje en la parte III.

2. Etapas

Estaba muy contento con el agradable y pausado comienzo y considero altamente recomendable una fase de adaptación de unos diez días por lo menos. Más que una planificación por etapas seguida rigurosamente, me parece mejor tener en cuenta los límites y señales del cuerpo, para encontrar el ritmo personal de cada uno.

—Ando a pasos de 80 centímetros —me explicó un peregrino de Bélgica.

—Mi compañera sólo anda a pasos de 70 centímetros —siguió cautelosamente—. Ella es muy perseverante. Caminamos 30 kilómetros al día, pero no al mismo tiempo. Yo voy a mi ritmo, ella va a su ritmo. A cada par de kilómetros estoy esperándola. Es muy importante, andar a tu propio ritmo.

No repetiría ni tampoco recomendaría mi etapa de 106 km incluyendo la caminata nocturna a través de la Meseta . De igual modo lo vio otro peregrino, que también caminó de noche:

—¡Fue una experiencia especial por completo!

Sonrió.

—Pero te aseguro que no volvería a hacerlo. Por el día todo es más tranquilo y se puede ver mucho más del paisaje...

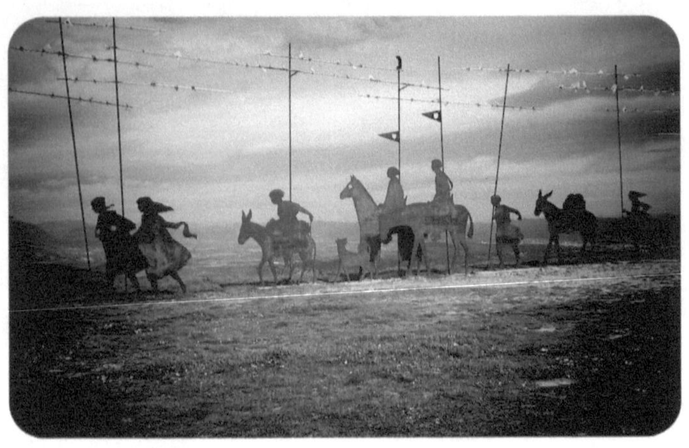

Desaconsejo de forma rotunda, seria y terminantemente, recorrer la Ruta de Napoleón partiendo de St. Jean Pied de Port bajo nieve, si está cerrada y cortada oficialmente.

En los últimos años, una y otra vez fallecen allí personas que han subestimado el Camino.

—Todos los años es lo mismo—dijo moviendo la cabeza una peregrina de 84 años de Canadá, que desde hace 10 años, recorre cada año el Camino de Santiago—, las personas carecen de experiencia en la montaña, no tiene experiencia con su equipo, salen el primer día, lo subestiman y después pierden la vida.

Así pues, me parece más importante tener sentido

común y una noción de respeto ante la naturaleza, el clima y el Camino, que tener las rodillas sanas.

—Y guantes. Son muy importantes —aconseja la peregrina canadiense. Rojos son los suyos.

Nº	Etapa	km
1	St. Jean Pied de Port → Valcarlos	12
2	Valcarlos → Paso Ibañeta → Roncesvalles	17
3	Roncesvalles → Zubiri	23
4	Zubiri → Pamplona	21
5	Pamplona → Puente la Reina	21
6	Puente la Reina → Estella	24
7	Estella → Torres del Rio	29
8	Torres del Rio → Logroño	20
9	Logroño → Nájera	29
10	Nájera → Santo Domingo de la Calzada → Belorado → Villambistia	51
11	Villambistia → Montes de Oca → Burgos → Hontanas → Boadilla del Camino	106
12	Boadilla del Camino → Carrión de los Condes → Ledigos	50
13	Ledigos → Sahagún	17
14	Sahagún → Puente Villarente	43
15	Puente Villarente → León → Hospital de Órbigo	46
16	Hospital de Órbigo → Astorga → El Ganso	32

17	El Ganso → Cruz de Ferro → Molinaseca	33
18	Molinaseca → Ponferrada → Trabadelo	42
19	Trabadelo → O Cebreiro → Triacastela	42
20	Triacastela → Sarria → Gonzar	51
21	Gonzar → Arzúa	47
22	Arzúa → Santiago de Compostela	38

En la lista citada –para orientación general– se indican las etapas que he realizado. Cada peregrino debe decidir día tras día, qué etapas se adaptan a su condición individual y a sus ganas de caminar.

Todos los datos sobre kilómetros en la lista, están redondeados y basados en los datos del mapa de la Credencial del Peregrino, de la guía de viaje y otras listas diferentes de etapas y de albergues. Debido a las grandes diferencias existentes entre las diferentes fuentes, estos datos deben considerarse como orientativos.

Para una mejor orientación, algunas etapas incluyen como estaciones intermedias, nombres de ciudades o puntos importantes del Camino, como por ejemplo Burgos o la Cruz de Ferro.

Los datos en kilómetros de la distancia de las etapas proporcionan una ligera idea de la exigencia del tramo del Camino, porque no se indica los metros de altitud ni el estado del mismo. La oficina de información en St. Jean Pied de Port, reparte gratis perfiles de altitud del Camino que pueden servir como punto de referencia.

Las 22 etapas citadas en la lista las recorrí en 23 días: la etapa nº 11 se prolongó durante dos días soleados, atravesando durante la noche la Meseta desierta y tuvo una duración total –contando todas las pausas– de casi 30 horas.

3. MultiSchutz

—La parte de aluminio del asiento siempre en contacto con el cuerpo —me explicó la vendedora—, porque esta cosa de hecho refleja, ¡no aísla!

Oído y hecho.

Mi calor se refleja. Estoy cómodo sentado.

Funciona. Probado con éxito bajo fuertes vientos y heladas a los pies del monumento a Roldán, más arriba del Paso de Ibañeta en los Pirineos españoles:

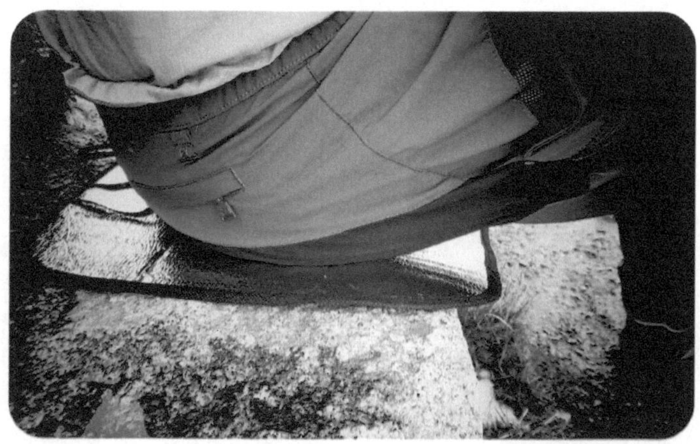

Hasta ahora sin problemas.

Como la mayor parte del tiempo estoy caminando en vez de sentado, el asiento duerme casi siempre inutilizado en las profundidades de mi mochila. En algún lugar cercano a las igualmente ignoradas pinzas para la ropa ultraligeras. Estos clips entran por primera vez en acción los primeros días, cuando lavé un poco de fango que había en las piernas del pantalón:

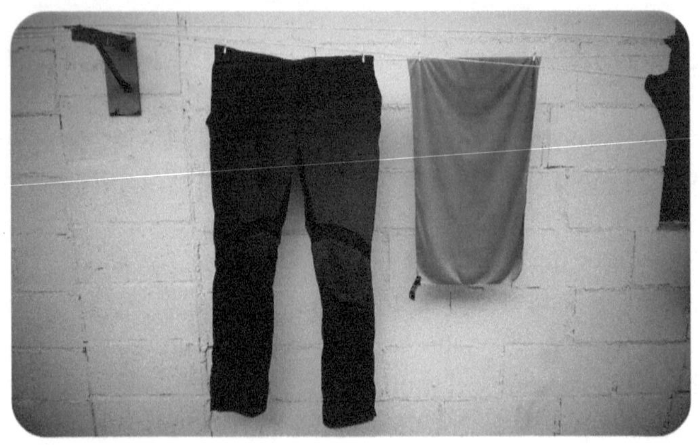

Hasta que no hizo mucho sol y mucho calor de repente, no me doy cuenta del poderoso multitalento que aguarda en mi mochila para ser descubierto: ¡la combinación de estos artículos del equipo! Resultado: protector de nuca por la mañana, sombrilla al mediodía, parasol por la tarde y mil cosas más…

Con las gomas del asiento aislante y los seis clips se pueden realizar incontables alternativas de sujeción, de manera que la nuca, el cuello, las orejas y la cara están siempre protegidos a lo largo del día de forma efectiva.

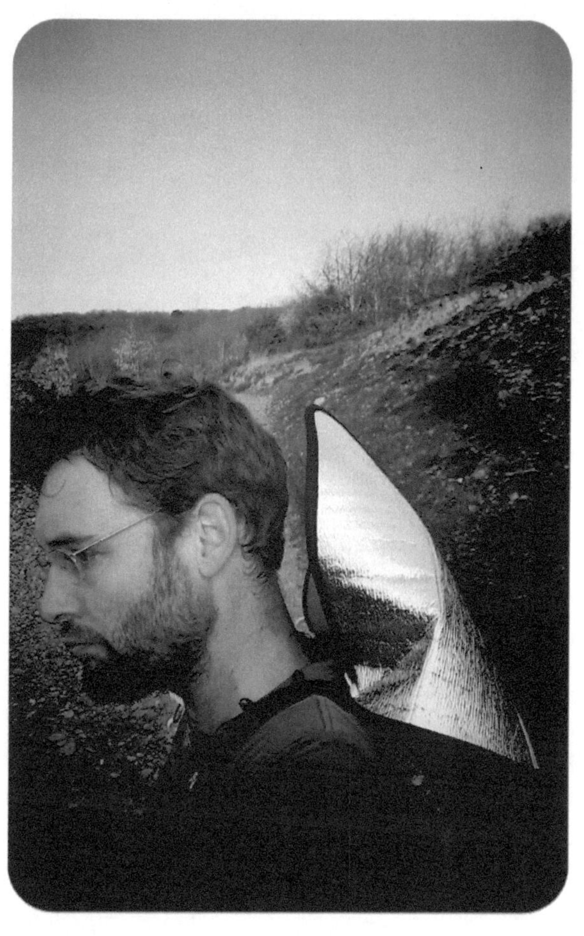

Como puntos de sujeción sirven las asas de la mochila, la camiseta, las patillas de las gafas de vista o sol, la capucha, etc. –incluso en el centro del cabello los clips se enganchan bien. Pero: ¡doble aguanta más!

Poner dos clips por punto de sujeción refuerza mucho más que la variante simple en caso de inesperadas ráfagas de viento o movimientos bruscos:

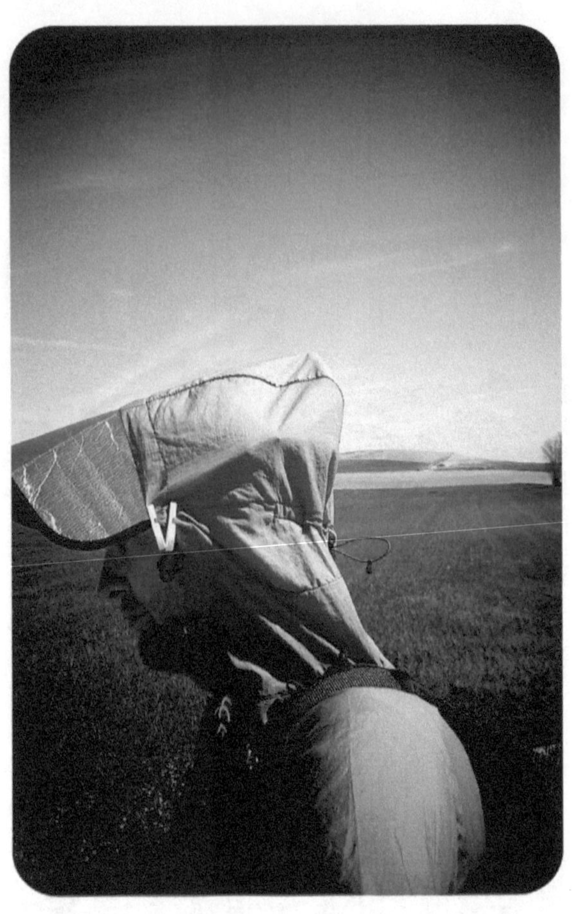

¡Genial!

Estoy protegido de la mejor manera y de buen humor.

Aunque tengo calor con la chaqueta cortavientos.

El calor se concentra un poco, porque tengo la cremallera cerrada, para evitar que las ráfagas de viento me soplen la capucha de la cabeza.

Los pequeños clips tienen enseguida otra utilidad: en vez de usar la cremallera, sujetan la chaqueta en la zona del cuello. Así la capucha está estable a pesar del ligero viento, al mismo tiempo que se elimina la acumulación de calor.

Puf.

La chaqueta cortavientos con cierre de clips se puede utilizar como un poncho ligero para el sol, se puede llevar puesto –según la incidencia del sol– por ejemplo sólo la capucha o capucha y manga izquierda…

En las bandas y solapas de la mochila, estaciono mientras tanto los clips que no utilizo:

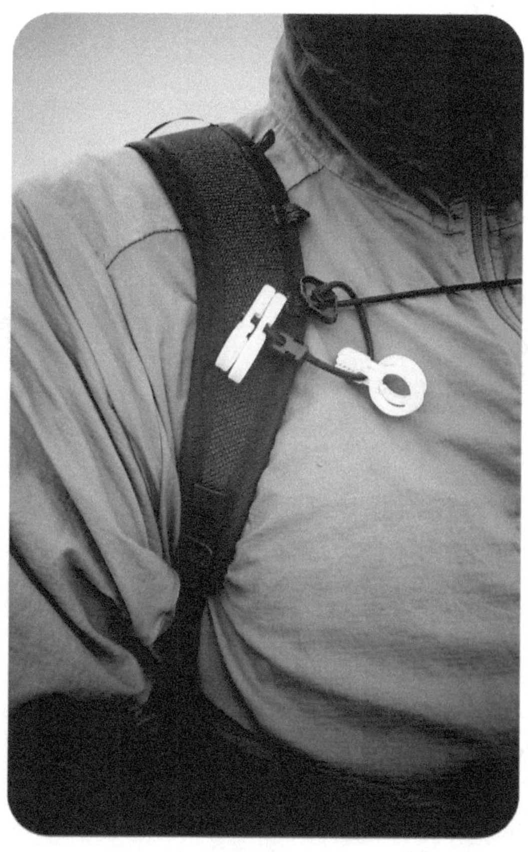

Lo admito: muchos peregrinos se burlan y se ríen cuando me ven. Otros asienten en reconocimiento:

—¡Excelente gorro! —grita una peregrina australiana.

—¿Eres inventor? —pregunta una peregrina alemana de Wolfsburg.

¿Soy inventor?

De hecho, ¿por qué no? ¡Un protector solar transpirable en el Camino de Santiago es de oro! Si además es económico y no pesa casa ni nada, cumple con todos los deseos…

Les presento:

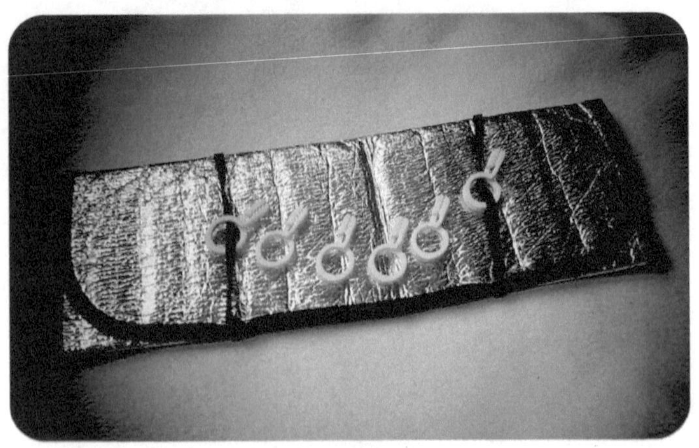

¡El multiprotector «Winterberg MultiSchutz»!

¡Compuesto por un asiento de aluminio de 35 x 35 cm de McKinley y seis Ortec Multi-Clips, el «Winterberg MultiSchutz » por menos de diez euros, pesa tan sólo 23 g y ofrece protección y apoyo en cualquier situación!

Qué bien.

Mientras tanto podría ser un buen vendedor.

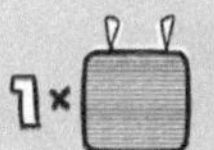

WINTERBERG

MULTISCHUTZ

(MULTI)PROTECTOR

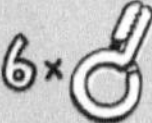

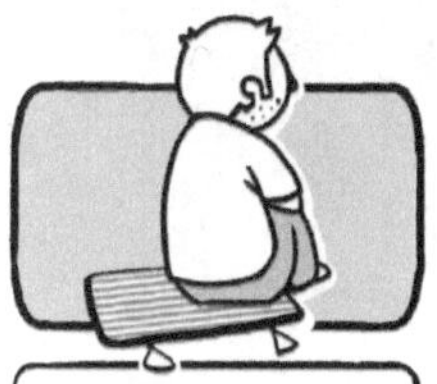

ASIENTO AISLANTE

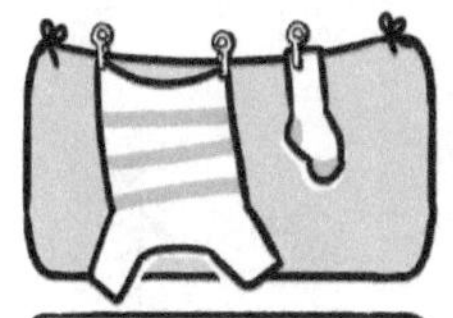

PINZAS PARA ROPA

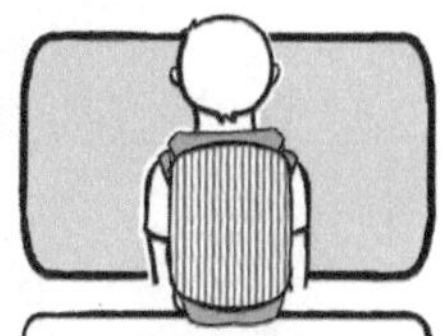

REFLECTOR

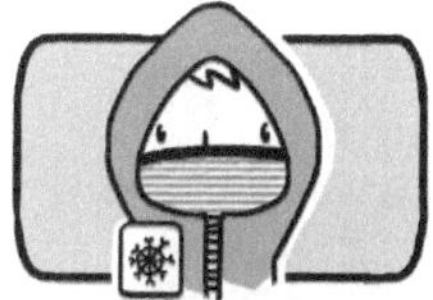

PROTECTOR DE CARA

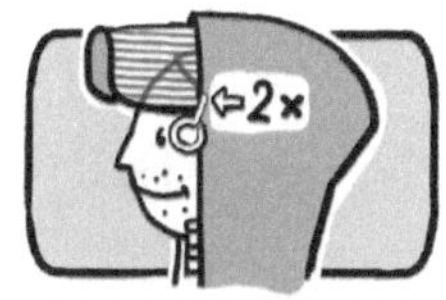

VISERA

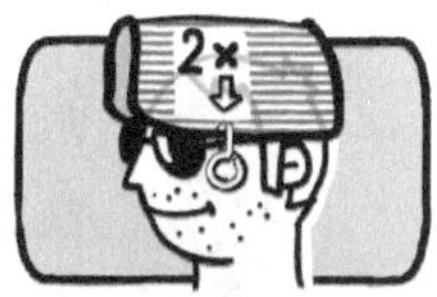

PROTECTOR DE CABEZA

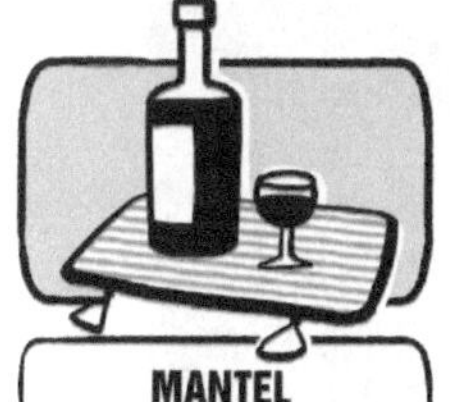

MANTEL

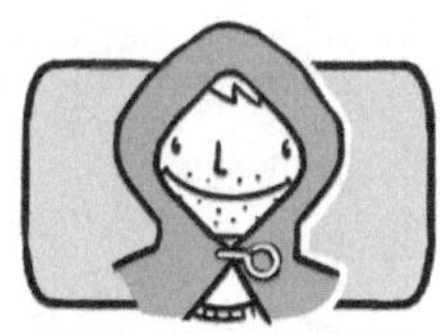

CLIP PARA CAPUCHA

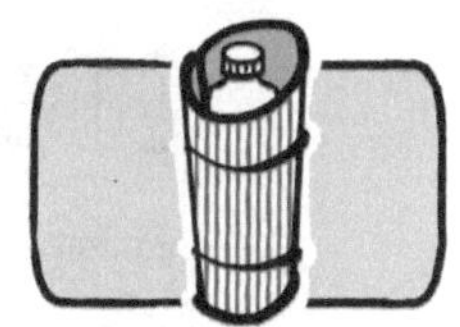

FUNDA TÉRMICA

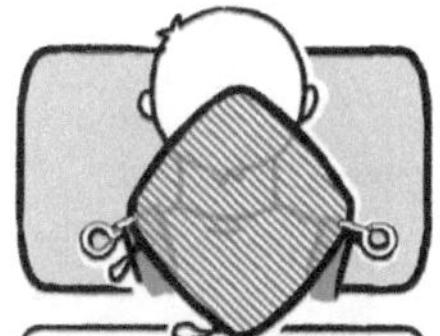

PROTECTOR DE NUCA

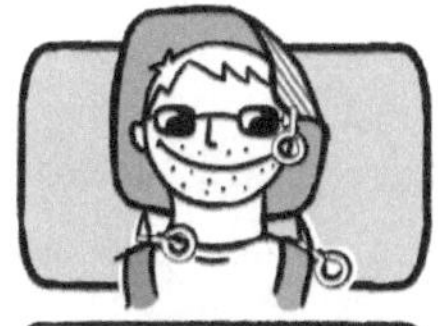

PARASOL

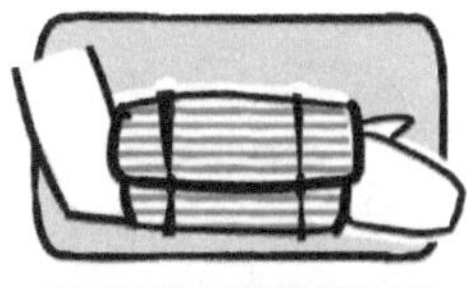

PROTECTOR DE BRAZO

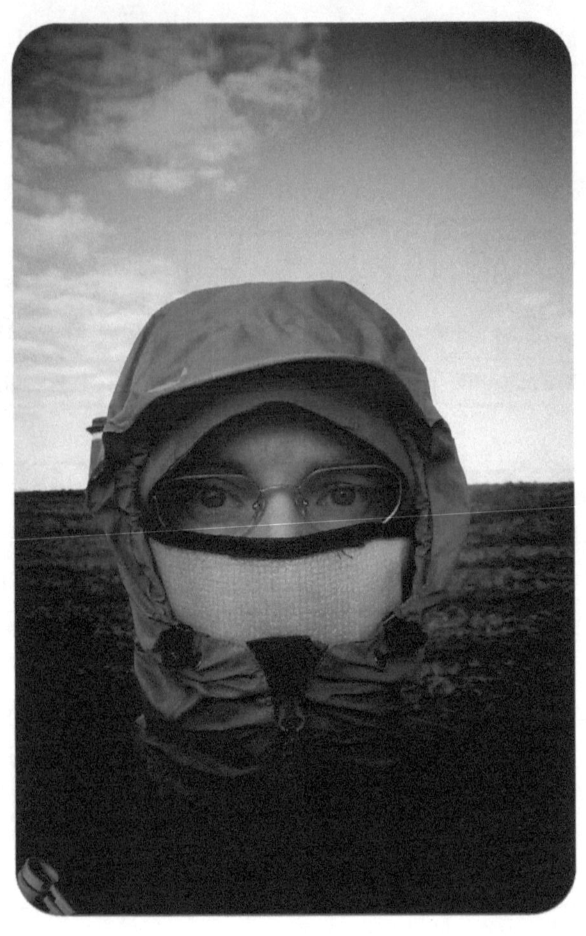

En las mañanas frías y con viento, se puede utilizar –lado de aluminio hacia el cuerpo– el MultiSchutz como protector de cara. Es totalmente resistente al viento y en mi opinión mucho más práctico que una braga de cuello.

El MultiSchutz en caso necesario también es útil como máximo protector solar para brazos y piernas, pequeño mantel para las pausas en ruta, mitón, goma elástica para cabello, babero, trineo, anemómetro provisional,

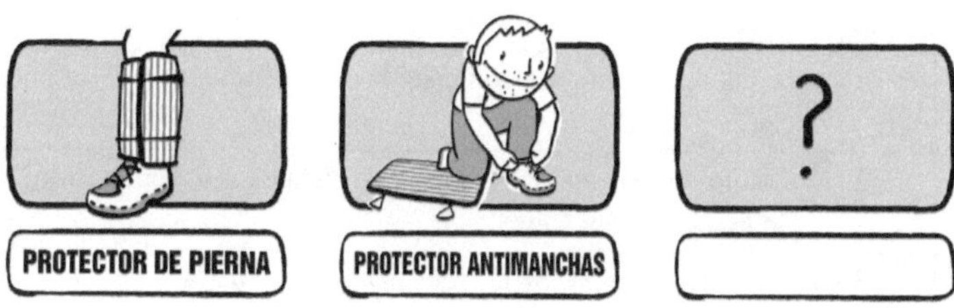

antifaz para dormir, agarrador, salvamanteles, trompetilla, funda térmica para bebidas calientes o frías, ayuda para el bronceado, bandera, protector antimanchas para pantalón al atarse los cordones, reflector para mejorar la visibilidad colocado en la mochila, etc. etc. etc.

Componentes	**Precio**
1x McKinley Alu Seat Cushion, 35x35 cm	1,99
6x Ortec Multi-Clip*	3,95
Total	**5,94**

Todos los precios de la lista están expresados en euros.

**Ortec Multi-Clips se venden en paquetes de 15 clips. Aquí se indica el precio del paquete entero, aunque sólo se utilicen seis de los 15 Multi-Clips y el precio unitario de cada clip ascienda sólo a 26,333 céntimos aprox. Si se calcula exactamente, un multiprotector «Winterberg MultiSchutz» sólo cuesta 3,57 euros…*

4. Índice fotográfico

Pág.	Foto
18	Botas de senderismo con caja: Hanwag Canyon II Terra Care
23	Tramo del bastón de *trekking* con cuña de plástico: bastón de *trekking* Leki Retro
33	Porcelana en KaDeWe: rinoceronte indio de la Manufactura Meissen (9,7 kg)
38	Cuchara, tenedor y cuchillo en un producto: *spork* Original de Light My Fire
40	Señalización de peregrinaje del Camino de Santiago en Alemania: calle Mecklenburger Straße en Münster
45	Zapatillas *trail running*: Brooks Cascadia 7 en talla 49,5
48	Silbato de señalización con inscripción de señal SOS en morse en el cierre de la linterna frontal Petzl Tikka XP^{2}
53	Las tres capas de ropa: 1ª capa: camiseta monstruo; 2ª capa: chaqueta de forro polar Jack Wolfskin Performance Jacket (abierta); 3ª capa: chaqueta Patagonia Houdini Jacke (abierta), Montane Minimus Jacket (abierta)
59	Linterna frontal en modo luz roja: «Cuando sea mayor, seré un *nerd*», artículo de la revista «jetzt Schule&Job»
63	Sobre la balanza Soehnle Exacta: bastones de *trekking* Leki Retro (514 g)
72	Sobre la balanza: Ortec Ultra Plugs con adaptador de los accesorios de los auriculares Sennheiser CX 400-II (7 g)
75	En la cámara de frío de Globetrotter en Berlín: botón de emergencia y botones de acción de la máquina de viento
77	Monitor de la cámara termográfica en la cámara de frío de Globetrotter en Berlín
79	Catedral de Berlín con la torre Fernsehturm de fondo
81	Tienda de artículos religiosos «Ave Maria» en la calle Potsdamer Straße cerca de la plaza Potsdamer Platz

83	Medalla milagrosa en acción: la representación de María pesa 0 g
84	Equipo de izquierda a derecha: zapatillas, bolsa estanca, mochila y bastones de *trekking*
84	Concha de Santiago y medalla milagrosa atada a la mochila Laufbursche huckePäckchen Spezial
86	Cutdown: algunas etiquetas y trabillas, retiradas de algunos artículos del equipo
88	El equipo de izq. a drcha. y de arriba abajo: zapatillas, chanclas, bolsa estança, guantes, asiento aislante, piedra para la Cruz de Ferro, bolsas de alimentos enrolladas, bolsa de aseo, bolsa de tecnología, botella de plástico, bastones de *trekking*, ropa, saco de dormir, bolsa de documentación, mochila con concha, ropa, toalla
90	Bolsa de aseo sobre la balanza (358 g)
92	Bolsa de documentación sobre la balanza (70 g)
100	Oficina de información al peregrino, St. Jean Pied de Port
101	Mapa de ruta con la Ruta de Napoleón cerrada y con la ruta alternativa por Valcarlos señalada
102	St. Jean Pied de Port: tras el puente en la Puerta de Santiago empieza el Camino para los peregrinos
106	Foto de salida de izq. a drcha.: Steffi, Norman y yo sobre el puente en la Puerta de Santiago en St. Jean Pied de Port
107	Steffi y Norman en el Camino hacia Valcarlos
109	Nieve y fango: en un sendero del bosque entre Valcarlos y Roncesvalles
111	Los Pirineos cubiertos de nieve: vista desde el monumento a Roldán en la cima del Paso de Ibañeta
113	Señal de tráfico atropellada poco después de Roncesvalles
115	Electrolitos: paquete de Flectomin, contenido: 10 sobres
117	Puente la Reina
118	Camino de Santiago entre Puente la Reina y Estella
120	Grifo de la fuente de vino gratuita

122	Concha y flecha amarilla: señalización del camino en la etapa hacia Torres del Rio
124	Señalización añadida: flecha de piedras en el Camino de Santiago en dirección a Nájera
126	Australiano con cuerda de tender autoconstruida: zapatillas y calcetines se secan al sol
127	Detrás de Nájera: Camino de Santiago a la luz sol
129	Catedral de Burgos
132	Nido de cigüeñas en la iglesia junto al albergue «En el Camino» en Boadilla del Camino
133	Detrás de Boadilla del Camino: avenida solitaria
134	Indicadores: Carrión de los Condes/Camino de Santiago
135	Despacio pero seguro: caracol en el Camino de Santiago
136	Quizás la señal de tráfico más feliz del mundo: sonriente señal de prohibido adelantar , Carrión de los Condes
138	Flechas extra que dirigen a negocios
140	El primer calcetín de merino desgastado en el talón
141	Catedral de León
143	El paraíso de David en el camino hacia Astorga
145	Catedral de Astorga
146	Cruz de Ferro
147	Impresionantemente bonito: descenso dirección Ponferrada
148	Castillo templario de Ponferrada
151	Camino de Santiago a pocos kilómetros de Santiago
153	El destino del viaje del peregrino: la tumba del Apóstol
154	Compostela: certificado que acredita la peregrinación
155	Foto de llegada: en la Catedral de Santiago de Compostela
158	Regreso a Berlín: *cheerleaders* en Puerta de Brandenburgo
165	Cutdown por el camino: solapas de velcro del pantalón Montane Minimus Pants cortadas con la tijera para barba
168	El equipo completo de izquierda a derecha y de arriba a abajo: zapatillas, chanclas, botella de plástico, bolsa de

	aseo, bolsa de tecnología, bastones de *trekking*, forro polar, chaqueta impermeable, pantalón, pantalón impermeable, pantalón corto, chaqueta cortavientos, bolsas de alimentos enrolladas, bolsa estanca enrollada, asiento aislante doblado, saco de dormir, monedero, bolsa de documentación , mochila con concha, guantes , ropa interior, camisetas, toalla, calcetines
170	Bolsa de aseo sobre la balanza (267 g)
173	En una tienda en St. Jean Pied de Port: concha de Santiago con Cruz de Espada
174	Sellos en la Credencial del Peregrino
176	Pin de canguro dorado
187	Guías de senderismo: Rother & Outdoor
192	Esculturas de peregrinos en la cima de Alto del Perdón – también llamado Puerto del Perdón– en la cresta de la Sierra del Perdón entre Pamplona y Obanos
195	Asiento aislante en acción a los pies del monumento a Roldán en el Paso de Ibañeta en los Pirineos españoles
196	Pantalón Millet Triolet y Sea to Summit Pocket Towel se secan en la cuerda de tender del albergue en Zubiri
197	Protector de nuca: asiento aislante con Multi-Clips
198	Visera adicional para la capucha de la chaqueta cortavientos: asiento aislante sujetado con Multi-Clips
199	Estacionados: Multi-Clips en el mochila
200	Componentes del MultiSchutz: asiento aislante con aluminio McKinley y seis Ortec Multi-Clips
202	MultiSchutz como protector de cara

En www.fotografias.jakobsweg-im-smoking.de están disponibles todas las fotos del libro en color.

Derechos de autor: Foto de salida/ llegada: anónimo; Otras fotos: Philipp Winterberg. Todos los derechos reservados.

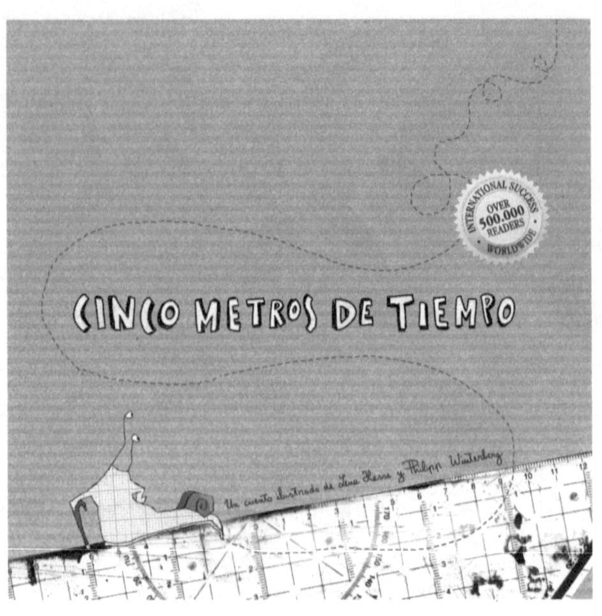

Cinco metros de tiempo

Un cuento ilustrado de Lena Hesse y Philipp Winterberg
32 páginas, ISBN: 1483988155

¿Qué pasaría si de repente el mundo se detuviera por un instante? ¿Si así, sin más, la suerte te regalara un poco de tiempo? Eso es exactamente lo que ocurre en una de las mayores y más pobladas ciudades del mundo, cuando un pequeño caracol atraviesa la calle y obliga al tráfi co a detenerse durante medio día.
Un cuento sobre aquellas cosas que siempre quisiste hacer y para las que nunca tuviste tiempo.

eBook ~~EUR 12,95~~ EUR 0,00: www.philipp-winterberg.com

www.ingramcontent.com/pod-product-compliance
Lightning Source LLC
LaVergne TN
LVHW101940220826
846093LV00006B/73

* 9 7 8 1 4 9 1 2 4 5 8 7 3 *